ハンディ版 日本の名城
データブック200

今泉慎一 著　ブルーガイド編集部 編

JN157053

ブルーガイドセレクト

ハンディ版 日本の名城データブック200

◎目次◎

第1章 北海道・東北の城 19

【北海道】五稜郭……8／松前城……9
【青森県】弘前城……10
【岩手県】九戸城……11／盛岡城……12
【秋田県】久保田城……12／檜山城……13
【山形県】山形城……14／長谷堂城……14／米沢城……15
【宮城県】金山城……15／仙台城……16／白石城……17
【福島県】霊山城……18／二本松城……19／会津若松城……20／向羽黒山城……21／桧原城……21／白河小峰城……22

第2章 関東の城 23

【群馬県】箕輪城……26／名胡桃城……26／岩櫃城……27
【栃木県】金山城……28／唐沢山城……29／宇都宮城……30／多気山城……30
【茨城県】烏山城……31／小幡城……31／水戸城……32／笠間城……32
【東京都】江戸城……33／滝山城……33／八王子城……34
【千葉県】佐倉城……35／大多喜城……35／千本城……36／久留里城……36
【埼玉県】岩槻城……37／杉山城……37／鉢形城……38
【神奈川県】石垣山一夜城……38／小田原城……39

第3章 中部・東海の城 32

【長野県】松本城……42／松代城……43／上田城……43／葛尾城……44／小諸城……45／高島城……45
【山梨県】高遠城……46／岩殿城……47／勝山城……48／新府城……48／甲府城……49／要害山城……49
【静岡県】山中城……50／韮山城……51／駿府城……51／高天神城……52／掛川城……53／犬居城……54／浜松城……55／丸子城……56／二俣城……54
【愛知県】長篠城……55／岡崎城……57／犬山城……59／名古屋城……58
【岐阜県】岐阜城……59／大垣城……60／明智城……60／苗木城……61／岩村城……62／郡上八幡城……63／松倉城……63

第4章 北陸の城 21

【新潟県】 新発田城……66／村上城……67／栃尾城……67
鮫ヶ尾城……69／坂戸城……69

【富山県】 春日山城……68
増山城……70／富山城……71

【石川県】 高岡城……71／松倉城……72
黒峰城……72／七尾城……73／金沢城……74

【福井県】 一乗谷城……74／丸岡城……75／杣山城……76
越前大野城……77／金ヶ崎城……77
後瀬山城……78／小浜城……79／国吉城……79

第5章 近畿の城 40

【滋賀県】 玄蕃尾城……82／小谷城……83／彦根城……84
佐和山城……85／鎌刃城……85／安土城……86
観音寺城……87／清水山城……88／鎌掛城……89
長光寺城……89

【三重県】 安濃津城……90／大河内城……91／松阪城……91
伊賀上野城……92

【奈良県】 宇陀松山城……93／郡山城……94／多聞山城……94
高取城……95

【京都府】 二条城……96／山崎城……96／周山城……97
福知山城……98／田辺城……98

【大阪府】 大坂城……99／飯盛山城……100／芥川山城……100
上赤坂城……101／岸和田城……102

【兵庫県】 千早城……101
洲本城……102／姫路城……103／明石城……104
赤穂城……104／置塩城……105／八上城……105
白旗城……106／上月城……106／竹田城……107／出石城……108

【和歌山県】 和歌山城……108

第6章 中国の城 26

【鳥取県】 鳥取城……112／若桜鬼ヶ城……113／羽衣石城……113
米子城……114

【島根県】 松江城……115／月山富田城……116／津和野城……117
浜田城……117／石見七尾城……118

【岡山県】 岡山城……119／天神山城……120／鬼ノ城……120
備中松山城……121／津山城……122／岩屋城……122

【広島県】 福山城……123／広島城……124／吉田郡山城……125
新高山城……126／日野山城……126／三原城……127

【山口県】 岩国城……127／高嶺城……128／萩城……129／勝山城……129

第7章 四国の城 12

【香川県】屋嶋城……132／高松城……132／丸亀城……133
【徳島県】引田城……134
【徳島県】徳島城……135／一宮城……135
【愛媛県】松山城……136／今治城……137／大洲城……137
【高知県】宇和島城……138
【高知県】高知城……139／岡豊城……140

第8章 九州・沖縄の城 27

【福岡県】福岡城……144／立花山城……145／大野城……146
　　　　　岩屋城……146／小倉城……147／城井谷城……148
【佐賀県】名護屋城……149／佐賀城……149
【長崎県】島原城……150／原城……150／平戸城……151
【大分県】中津城……152／角牟礼城……152／臼杵城……153
　　　　　佐伯城……153／岡城……154
【宮崎県】都於郡城……155／佐土原城……156／飫肥城……156
【熊本県】熊本城……157／人吉城……158／八代城……158
　　　　　佐敷城……159
【鹿児島県】鹿児島城……159
【沖縄県】今帰仁城……160／首里城……160

極私的名城 ベスト10

伊藤潤（歴史作家）……23
岡峰光舟（THE BACK HORN）……109
堀口茉純（お江戸ル）……141

本書の使い方……5
城攻めに持参したいアイテムチェックリスト……161
さくいん……162
全国塗りつぶし城攻めマップ……166
参考文献……174

装丁・本文デザイン／国井潤
本文組版／株式会社千秋社、若松隆、竹川美智子
編集／風来堂
執筆協力／久保麻紀・やまだともこ・根岸真理・青柳智規・加藤桐子

【 本書の使い方 】

❶ 城名と住所

❷ 主な史実
城攻めの合戦ほか、この城を舞台に起こった主な出来事を記しています。

❸ 基本データの参照マーク
見学所要時間、最寄駅からの距離、天守の有無やタイプ、入場料など、城を訪れる上で必要な基礎情報を、分かりやすく表示しています。

❹ 「必見!!」ポイント
天守や石垣などの建造物、縄張りの構造など、訪れたら必ず見ておきたいポイントを絞って紹介しています。

❺ 城DATA
史実や建造にまつわる基礎情報を、項目別にまとめています。

❻ 関連史跡施設
城の周辺にある、城とかかわりの深い史跡を紹介しています。城と合わせて散策するヒントになります。

❼ まだある名城
紹介している城以外で、周辺にあるオススメの城の情報を取り上げています。

- 駅からの所要時間は、山城の場合は登山口、それ以外は最も近い入口までの時間を基準にしています。そこから主要部まで距離や高低差があるなど、移動に時間がかかるケースがありますので、あくまで参考となる時間と解釈してください。
- 料金は、城域または天守など主要な建物へ入る場合のもののみ、記載しています。資料館や副次的な建物の入場料金は省いています。
- 見学時間はあくまで目安です。
- 城DATAに記載の史実は、一般的なものを掲載しています。出典次第で諸説あります旨、あらかじめご了承ください。
- 本書に掲載のデータは2018年1月現在のものです。各種料金や交通機関など、変更になっている場合があります。お出かけの際に改めてご確認ください。

第1章 北海道・東北の城 19

北海道は、渡島半島南部以外には城はほとんどない。東北は山城が大半で、山自体の規模が大きいものが多い。ただし、伊達氏、最上氏など有力大名が覇を競った南部は、その威光を示すかのような豪壮な石垣も見られる。

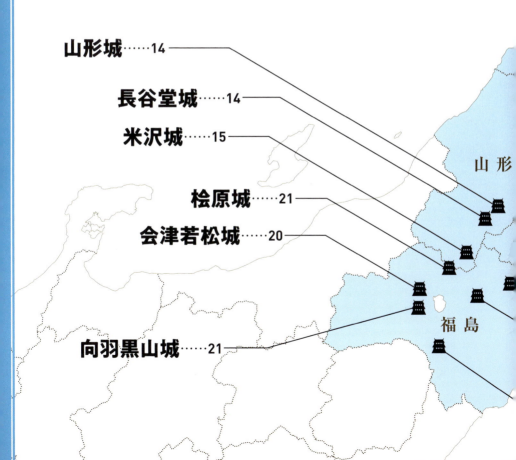

弘前城……10
檜山城……13
久保田城……12
山形城……14
長谷堂城……14
米沢城……15
桧原城……21
会津若松城……20
向羽黒山城……21

主な史実　箱館戦争（1868〜1869）

五稜郭
ごりょうかく

五芒星型の日本初の西洋式城郭

北海道函館市五稜郭町44

北のはての個性派を桜が彩る

必見!!
タワーから城全景を臨む
設計は武田斐三郎。東西・南北約500m、水堀の幅最大約30m、外周約1.8km、堀内の面積約12万㎡の巨大な平城。3カ所の虎口に、中を見通せないよう見隠塁を構築。5芒星の形状は、西洋文化をいち早く取り入れた先進都市箱館の象徴でもある。

必見!!
半月堡は大手口1カ所
半月堡（はんげつほ）は西洋式土塁に特徴的な三角形状の出塁。防御と出撃拠点の役割を持つ、いわば馬出。当初、各稜堡間5カ所に配置予定だったが、正面1カ所だけに築かれた。

必見!!
武者返しがある高石垣
大手門口石垣は7.8mと高く、最上部に防御のための刎出（武者返し）がある。石材は、函館山麓の立待岬から切り出された安山岩など。裏込めの奥に土留めの石垣を据えた2重構造になっている。

城DATA

別名	亀田御役所（かめだおんやくしょ）土塁、柳野城
築城年	安政4年（1857）
築城者	江戸幕府
主な城主	
現存遺構	兵糧庫、堀、土塁、石垣
復元遺構	函館奉行所、板庫、土蔵

アクセス　函館駅からバス10分、徒歩3分。五稜郭公園前電停から徒歩15分／五稜郭タワー500円

関連史跡施設
五稜郭歴史回廊

五稜郭タワー内に併設。函館山や津軽海峡、そして五稜郭の全景などを眺めることのできる高さ107メートルの展望台2階にあり、五稜郭や箱館戦争などの歴史を学べる展示や、リアルなジオラマ模型、土方歳三（ひじかたとしぞう）のブロンズ像などが設置されている。展望料金に200円を追加で支払えば、毎日開催されている、約30分の「五稜郭歴史ガイドツアー」にも参加できる。オリジナルグッズを買いたい人は1階の展望売店へ向かおう。

まだある名城　四稜郭（北海道函館市陣川町）箱館戦争の際、五稜郭の鬼門にあたる位置に造られた。城内にかつての建物はない。

松前城

まつまえじょう

北海道松前町松城144

石垣に弾痕が残る幕末動乱の舞台

主な史実：箱館戦争（1868）、松前の戦い（1869）

幕末の戦乱の最終盤に登場

必見!!
再現された三層天守
軍学士・市川一学の設計で安政元年（1854）完成。日本最後となった天守は昭和24年（1949）失火で焼失したため、昭和36年（1961）3層の堂々たる外観を忠実に、鉄筋コンクリート構造で再建。切込接の石垣には戊辰戦争で落城した時の弾痕が残る。

必見!!
北側から城全体を望む
左手前に見える復元された天神坂門の側は、城の裏側にあたる。南側に比べて守りが弱くなっており、土方歳三（ひじかたとしぞう）もこちら側から攻めこみ、少人数の攻め手でわずか数時間で落城させた。

必見!!
幕末の趣漂う本丸御門
切妻造り、銅板葺きの櫓門。江戸初期の城郭を取り壊し、北方防備を重視して築かれた門。幕末の築城時から現存し、国の重要文化財に指定。凝灰岩を精密に加工し、隙間なく積み上げた石垣も見事。

城DATA

別名	福山城
築城年	慶長11年（1606）、安政元年（1854）
築城者	松前慶広、松前崇広
主な城主	松前氏
現存遺構	本丸御門、本丸表御殿玄関、石垣
復元遺構	天守、内堀、外堀、搦手二ノ門、天神坂門

アクセス：木古内駅からバス30分、徒歩10分

関連史跡施設
本丸表御殿玄関
松城小学校の校舎として使用されてきたが、明治33年（1900）の新校舎建築に際し撤去された。ただし玄関部分は小学校の表玄関として、昭和57年（1982）までそのまま利用されていた。元々は京都伏見城の一部を移したものと伝えられ、唐破風の曲線や懸魚（げぎょ）の造作、装飾などは、桃山様式ともいわれており、江戸時代初期の雰囲気を良く残している。現在は城内の二の丸に移動され、北海道指定有形文化財として保存されている。

まだある名城：勝山館（北海道上ノ国町勝山）和喜館などの別称も持つ、武田信広が本拠とした城。切り立った高台に位置する。

| 見学2時間 | 駅から30分以内 | 現存天守 | 有料310円 | 平山城 |

弘前城
ひろさきじょう

日本最北の現存天守ほか遺構が多数

青森県弘前市下白銀町1

天守は2023年まではお色直し中 必見!!

銅瓦葺きの美しい天守 必見!!
築城時は5層だったが、寛永4年（1627）の落雷で焼失。層塔型の3重3階建の現存天守は、文化7年（1810）に隅櫓を改築したもの。現在、天守台石垣の補修工事のため、本丸広場へ曳屋されているが内部見学は可能（2023年度終了予定）。

春は桜色に染まる水堀
外堀、中堀、内堀と3重の水堀が城を守る。橋と堀脇の土塁が交わる部分のみ石垣が設けられていたり、土塁下部のみ石垣化した腰巻石垣があったりと、構造の異なる堀が多彩に確認できて興味深い。

三の丸大手門が現存 必見!!
外部を監視していた出格子窓が1・2階に、2階には敵を狙い撃ちする3角の穴＝銃眼が備わっている。間口の高さが他地域の城門より高いのは、積雪時にも槍を掲げながら門を通過するためだそう。

🏯 城DATA 🏯

別名	鷹岡城、高岡城
築城年	慶長16年（1611）
築城者	津軽信枚（のぶひら）
主な城主	津軽氏
現存遺構	天守、丑寅櫓、辰巳櫓、未申櫓、三の丸追手門、三の丸東門、二の丸南門、二の丸東門、北の郭北門（亀甲門）、堀、土塁
復元遺構	本丸東側石垣

アクセス 弘前駅からバス15分、徒歩4分

---関連史跡施設---

長勝寺
日光東照宮と並び称される、江戸初期の重要な建築遺構の一つ。津軽氏の菩提寺で、津軽氏の先祖大浦光信の亡き後、その息子盛信が享禄元年（1528）に創建した。その後、慶長15年（1610）に二代目藩主信枚が、弘前城の築城に合わせて今の場所へと移築したとされる。津軽一帯の主要寺院を集めた、曹洞宗三十三カ寺が連なる禅林街の参道の一番奥に位置している。国の特別史跡にも指定されていて、弘前の名所の一つに数えられている。

まだある名城 浪岡城（青森県青森市浪岡）津軽・北畠氏の城。強い勢力を持ったが、天正6年（1578）に大浦為信により落城。

九戸城 くのへじょう

岩手県二戸市福岡城ノ内

乱戦が脳裏に浮かぶ緑萌ゆる城址

| 見学1時間 | 駅から30分以内 | 天守なし | 無料 | 平山城 |

主な史実 奥州仕置(1590)、九戸政実(くのへまさざね)の乱(1591)

整然たる掘は蒲生氏郷の改修

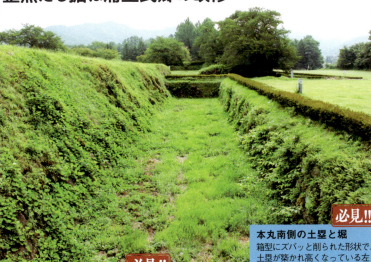

必見!!　本丸南側の土塁と堀
箱型にズバッと削られた形状で、土塁が築かれ高くなっている左側が本丸内部。ほとんど垂直に近い急角度のため、これを突破するのは容易ではない。

必見!!　本丸南虎口
城内側から望む。左右の土塁をズラして配した、いわゆる喰違枡形虎口(くいちがいますがたこぐち)。キュッと狭まっている部分で、大軍も勢いをそがれてしまう。

必見!!　二の丸東側の断崖
二の丸の南東側は、現在は道路となっているが、かつては谷となっていた。むき出しの断崖は滑りやすい地質でもあり、天然の防御壁となっている。谷を挟んだ向かい側には、松の丸があり、挟み撃ちにもできる。

城DATA

別名	福岡城、宮野城
築城年	文亀元年(1501)
築城者	九戸光正
主な城主	九戸氏、南部氏
現存遺構	石垣、堀、土塁
復元遺構	

アクセス 二戸駅からバス10分、徒歩5分

関連史跡施設 九戸神社

承和9年(842)に創建。九戸村の総鎮守であり、九戸村をその起源とする豪族九戸氏を奉る。以後、九戸氏は代々この神社で戦勝を祈願した。毎年5月5日には例大祭・九戸さくらまつりが開催されていて、九戸神楽による奉納舞の他、子供みこしや郷土芸能などが披露され、多くの人で賑わう。二体の仏像を始めとし、奉納剣、九戸政実ゆかりの札など、文化財が多数収蔵されている。境内には、秀吉に抗戦した九戸政実を祀る政実神社もある。

まだある名城 根城(青森県八戸市根城)建武元年(1334)に南部師行が築城したとされる。5つの曲輪や堀跡が残る大規模な城。

盛岡城 もりおかじょう

歌人・啄木も愛した高石垣の美

岩手県盛岡市内丸1-37

見学1時間／駅から30分以内／天守なし／無料／平山城

本丸西側の石垣は二段構え

関連史跡施設 報恩寺中門
報恩寺は応永元年（1394）創建。その中門は、盛岡城の城門だったものが、明治期の盛岡城の廃城に伴う払い下げで移築されたものと伝えられている。

創築期の異なる石垣群
約40年にわたり複数の工期で築かれたため、野面積や打込接などが混在し反りの角度も様々。写真は腰曲輪西側で、角は徐々にせりあがっている。

必見!!

空堀を渡る御廊下橋
二ノ丸と本丸を結ぶ。石垣の武骨な城内のなかで、ひときわ鮮やかな風景の場所。

必見!!

城DATA
別名	不来方（こずかた）城
築城年	慶長3年（1598）
築城者	南部利直
主な城主	南部氏
現存遺構	石垣、堀、彦御蔵
復元遺構	

アクセス 盛岡駅からバスで10分。または盛岡駅から徒歩15分

久保田城 くぼたじょう

堀と土塁を守りの要とした土の城

秋田県秋田市千秋公園1

見学1時間／駅から10分／天守なし／無料／平山城

主な史実 秋田戦争［庄内戊辰戦争］（1868）

関連史跡施設 秋田市佐竹史料館
秋田の藩政時代を紹介する資料館。秋田藩に伝わる刀剣や甲冑、軍旗や掛け軸、調度品などの貴重な資料を展示。千秋公園の二の丸広場に面している。

必見!!

20万5800石の城の正門
本丸表門は、南に御番頭局、下手に御物頭御番所を置いて警護。現在の木造2階建て瓦葺きの櫓門は、文献や発掘調査をもとに平成13年（2001）に復元されたもの。

上品な桜の花が彩る

必見!!

御物頭御番所
18世紀後半築とされる、城内唯一の現存遺構。二ノ門の開閉管理や城下の防災を担当する物頭の詰所。

城DATA
別名	窪田城、矢留（やどめ）城、葛根城
築城年	慶長8年（1603）
築城者	佐竹義宣（よしのぶ）
主な城主	佐竹氏
現存遺構	御物頭御番所（おものがしらごばんしょ）、土塁
復元遺構	御隅櫓、表門

アクセス 秋田駅から徒歩10分

まだある名城 鱒沢城（岩手県遠野市宮森町上鱒沢）築城年は不明だが、鱒沢氏が築城したと伝わる。長泉寺の北側に築かれている。

| 見学2時間 | 駅から30分以外 | 天守なし | 無料 | 山城 | | 主な史実 | 湊（みなと）騒動（1544・1570・1587） |

檜山城
ひやまじょう

秋田県能代市檜山

馬蹄形の尾根を要塞とした山城

せり上がる切岸が行く手を阻む

必見!!

高い切岸で本丸を防御
霧山一帯の馬蹄形をした東西1.5km×南北0.9kmにおよぶ山城で、檜山安東氏が5代にわたり本城とした。西側尾根の頂上にある本丸を中心に、大小約20本の堀切が残る。本丸は南北東の3方を高さ7～8mの切岸で防御され、南へ抜ける中堀も確認できる。

必見!!

枡形虎口が良好に残存
本丸から東側は土塁で南北に仕切られ、枡形虎口（ますかたこぐち）が残る。中世城郭の見本ともいえる造りが良好な状態で確認できるが、なぜ城の奥にあたる将軍山方向の守りを固めたのかは不明。

必見!!

三ノ丸から山麓を一望
三ノ丸から米代川の方向へ日本海まで、視界が広く開けている。中央平野部を横切る羽州街道の往来動向がよく見え、向かって右手の丘陵部には監視砦の支城だったと想定される大館の城跡が残る。

城DATA

別名	霧山（きりやま）城、堀内城
築城年	明応4年（1495）
築城者	安東忠季
主な城主	安東氏、小場氏、多賀谷（たがや）氏
現存遺構	土塁、空堀
復元遺構	

アクセス　東能代駅からバス20分、徒歩10分

関連史跡施設
浄明寺（じょうみょうじ）

檜山城の城主安東氏ゆかりの寺院。永正元年～17年（1504～1520）に創建されたと伝わっている。桃山様式の薬医門として貴重な遺構である山門は、「城下がりの門」と呼ばれ檜山城からの移築とされていたが、1995年の改修工事の際、「寛永11年」（1634年）の銘が見つかり江戸初期の建築であることが判明。東北で2番目に古く、県の有形文化財に指定されている。境内には天正10年（1582）に安東氏に暗殺された浅利勝頼の首塚がある。

まだある名城　浦城（秋田県八郎潟町浦大町里ヶ久）高岳山に隣接する細長い山城。永禄年間には三浦兵庫守盛永が城主となった。

【主な史実】慶長出羽の戦い（1600）

山形城 やまがたじょう

三重の堀と土塁をもつ輪郭式平城

山形県山形市霞城町3

両脇の櫓が近づくものを攻撃

必見!!

関連史跡施設 最上義光歴史館
最上家関連の資料を展示、信長より拝領したとされる義光の愛用の兜や、鉄製の指揮棒などの貴重な資料を見ることができる。

巨大な二ノ丸東大手門
二ノ丸大手門は、史実に従い古来の建築様式により木造建てで復元。櫓門・多門櫓・高麗門・土塀で構成された巨大な門で、規模は江戸城の城門に匹敵する。

城DATA

別名	霞城（かじょう）、霞ヶ城（かすみがじょう）、吉字城
築城年	延文2年(1357)、天正20年(1592)、元和8年(1622)
築城者	斯波兼頼（しばかねより）、最上義光（もがみよしあき）、鳥居忠政
主な城主	最上氏、鳥居氏、保科氏、松平氏、奥平氏、堀田氏、秋元氏、水野氏
現存遺構	石垣、堀
復元遺構	東追手門、本丸一文字門、二ノ丸東大手門、二ノ丸東大手門櫓、大手橋、本丸大手門枡形内の高麗門および土塀

【アクセス】山形駅（西口）から南門まで徒歩10分

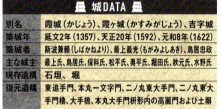

必見!!

本丸一文字門
発掘調査を元に石垣や門、木橋を復元。最上家の後の城主の鳥居家築。

【主な史実】慶長出羽の戦い（1600）

長谷堂城 はせどうじょう

亀の甲羅のごとく難攻不落の堅城

山形県山形市長谷堂内町994

関連史跡施設 長谷堂観音
長谷堂城の名の由来となった最上三十三観音の第十二番札所。かつて長谷堂城があった標高229メートルの丘の上にある。三尺あまりの本尊は行基の作。

〝東北の関ヶ原〟の現場

必見!!

斜面に並ぶ帯曲輪群
斜面には、横に細長い曲輪が、幾重にも段々に並んでいる。他の城にはあまり見られない独特の縄張といえる。直江兼続はこれらに手を焼き、攻めあぐねた。

城DATA

別名	亀ヶ崎城
築城年	不明
築城者	不明
主な城主	最上氏、志村氏、坂氏
現存遺構	土塁、二重横堀
復元遺構	

【アクセス】山形駅から車20分

必見!!

本丸より山形市街の眺め
山形市街および周辺の平野を一望できる。山自体は高くないが見通しの良さは抜群。

【まだある名城】延沢城（山形県尾花沢市延沢古城山）野辺沢氏が本拠とした。本丸跡には樹齢1000年以上といわれる大杉が残る。

米沢城（よねざわじょう）

山形県米沢市丸の内1-4

伊達政宗＆上杉景勝の両雄が本拠に

見学1時間／駅から10分以内／天守なし／無料／平城

主な史実 天文の乱（1548）、戊辰戦争（1869）

神社に祀られるは軍神・謙信 **必見!!**

関連史跡施設 上杉家廟所
第十二代藩主までの廟が整然と並ぶ上杉家の墓所。上杉景勝が逝去した元和9年（1623）に開廟。国の重要史跡で上杉謙信の遺骸が納められている。

謙信公を祀る上杉神社
二ノ丸から外側は天文17年（1548）、伊達晴宗の入城後に築かれたという。政宗が永禄10年（1567）にここで生まれた。現在の上杉神社が本丸で、天守代わりの三層隅櫓跡や土塁が残る。

城DATA
別名	舞鶴城、松岬（まつがさき）城
築城年	暦仁元年（1238）
築城者	長井時広
主な城主	長井氏、伊達氏、蒲生氏、上杉氏
現存遺構	土塁、堀
復元遺構	

アクセス 米沢駅からバス10分

城の勇姿を伝える水堀 **必見!!**
幅は30m以上、土塁と相まり威風堂々とした構え。

金山城（かねやまじょう）

宮城県丸森町金山坂町

磐城方面からの侵入を防ぐ

見学1時間／駅から30分以内／天守なし／無料／山城

主な史実 伊達政宗の初陣（1581）

関連史跡施設 金山神社
山城である金山城があったお館山の中腹にある。大正5年（1916）に中島家が祀る神明社と、八万神社、天神社が合祀され金山神社と改称されたもの。

秀麗かつ堅固なその姿を見よ **必見!!**

本丸の高石垣
山城でありながら、これほど見事な高石垣は、全国でも数えるほどと言っていい。本丸へは石垣に向かって右手から、くの字に折れ曲がったスロープ状の道がついている。

城DATA
別名	金山要害
築城年	永禄9年（1566）
築城者	藤橋紀伊
主な城主	相馬氏、伊達氏、中島氏
現存遺構	石垣、土塁
復元遺構	

アクセス 丸森駅からバス20分

架け橋 **必見!!**
尾根を分断する、恐るべき角度と深さの堀切。上部には橋がかけられていたという。

まだある名城 岩切城（宮城県仙台市宮城野区岩切）陸奥国の留守職を任された留守氏が南北朝時代に築城したと伝わる城。

主な史実：道明寺の戦い（1615）、寛文事件［伊達騒動］（1660）

仙台城 せんだいじょう

宮城県仙台市青葉区

政宗の理想を実感できる天険の要害

伊達男の粋を感じる

必見!!
本丸北側出隅の石垣
現存する遺構で最大の見どころは本丸石垣。最高17m、約70度の急勾配、迫力の反りを有する。

必見!!
大手門脇櫓
戦火により焼失し昭和42年（1967）に再建。桃山様式の強く麗しい姿。

必見!!
政宗騎馬像が本丸跡に
本丸跡には、初代城主・伊達政宗公の騎馬像がある。像の前からは天下取りの野望に燃えた政宗公と同じ視線で、仙台の街を展望できる。三ノ丸にある青葉城資料展示館では城の復元映像も公開。

城DATA

別名	青葉城
築城年	慶長6年（1601）
築城者	伊達政宗
主な城主	伊達氏
現存遺構	石垣、土塁、堀、清水（おすず）、堀切
復元遺構	本丸跡北面石垣、中門跡・清水門跡石垣、隅櫓（大手門脇櫓）

アクセス 仙台駅からバス20分

関連史跡施設
瑞鳳殿（ずいほうでん）

70歳でその人生を終えた仙台藩祖の伊達政宗が、自らの霊廟として生前に残した命により造らせた墓所。その豪華絢爛な桃山建築は、昭和6年（1931）に国宝に指定されていたが、太平洋戦争中に焼失。その後、昭和54年（1979）に再建された。2代藩主忠宗と3代藩主綱宗の霊屋なども並ぶ。隣接する資料館では、発掘調査の記録映画とともに、副葬品や遺骨調査資料などが展示されている。

まだある名城 松森城（宮城県仙台市泉区松森内町）本丸を中心に東西に曲輪を展開するその形から「鶴ケ城」とも呼ばれる。

| 見学1時間 | 駅から10分以内 | 復元天守 | 有料300円 | 平山城 |

主な史実 関ヶ原の戦い(1600)、戊辰戦争(1869)

白石城
しろいしじょう

宮城県白石市益岡町1-16

伊達家の名参謀・片倉小十郎景綱の居城

美しさと強さを兼ね備える

必見!!

戦闘型の三階櫓
本丸に9m高の石垣と土塁を巡らせ、二ノ丸以下は土塁と木柵を張った崖を利用。中世と近世が共存する縄張り。三階櫓(天守)は、平成7年(1995)、史実に忠実に木造復元。戦闘仕様の武者走りや石落、見張り用の高欄、火頭形の出入口がある。

必見!!

三階櫓の石落とし
建物からせり出した部分から、石垣下の敵を攻撃する。建物内外、攻め手、守り手双方の視点から見たい。

必見!!

大手一・二ノ御門
二段階になっている大手門。左手奥から登ってきた攻め手は、180度Uターンさせられた直後に一ノ門に出くわす。突破してもその先により大きな二ノ御門が待ち受けている。

城DATA

別名	益岡城、枡岡城
築城年	寛治5年(1091)、天正19年(1591)
築城者	苅田経元(かりたつねもと)、蒲生郷成(がもうさとなり)
主な城主	苅田氏、白石氏、蒲生氏、上杉氏、片倉氏
現存遺構	石垣、土塁、井戸
復元遺構	三階櫓、大手一ノ御門、鐘堂二ノ御門、土塀

アクセス 白石駅から徒歩10分

関連史跡施設
傑山寺(けっさんじ) 一本杉

伊達政宗の忠臣で、軍師的役割を担っていた白石城主・片倉小十郎景綱。埋葬の際、傑山寺境内に植えられた。高さ約25メートルで樹齢はおよそ400年。白石市の天然記念物に指定されている。埋葬場所を敵にあばかれることがないよう、墓石をあえて置かれず、代わりにこの杉を植え墓標にしたといわれる。伊達家に対し多大な武勲をあげ忠義を尽くした景綱の葬儀には、主君政宗自らが立会ったという。周辺には片倉家の子孫や家臣の墓所などもある。

まだある名城 上楯城(宮城県川崎町支倉)伊達藩の支倉常正が、円福寺の背後にある館山山頂に築いた。深さ5mほどの空堀などが残る。

| 見学3時間 | 駅から1時間以上 | 天守なし | 無料 | 山城 |

[主な史実] 霊山城の戦い（1338頃）

霊山城 りょうぜんじょう

福島県伊達市霊山町石田

巨石連なる峻険な修験道の聖地を要塞化

切り立った断崖が連なる南北朝期の合戦地

必見!!
中腹より霊山を遠望する
恐竜の背のようにも見える、個性的な風貌。かつては山岳信仰の聖地でもあり、廃寺の跡なども残されている。不思議な形をした巨石は山中のいたるところで出会える。写真は、中腹にある登山口の駐車場より撮影したもの。

必見!!
護摩壇
せり出した断崖の先端にある祈りの場所。立岩の隙間から水が染み出る。

必見!!
天狗の相撲場の絶景
天狗が相撲を取ったという、まるで宙に浮かんでいるような奇岩。見張り台としても理想的。

城DATA

別名	
築城年	建武4年（1337）
築城者	北畠顕家（きたばたけあきいえ）
主な城主	北畠氏
現存遺構	礎石（国司舘跡）
復元遺構	

[アクセス] 福島駅からバス45分、さらにバスを乗り継ぎ20分、徒歩1時間

関連史跡施設
霊山神社

霊山城跡に明治14年（1881）創建。国家のため功労のあった人臣を祀る別格官幣社。後醍醐天皇が興した南朝に仕え、「建武の中興」で多大な功績を収めた忠臣、北畠顕家など四柱を祀っている。春季例祭では、670年の歴史を持つ剣の舞「濫觴武楽（らんしょうぶがく）」と「下組獅子舞」が、秋季例祭では「北組獅子舞」が披露される。境内に多く植えられたもみじは、京都の嵐山から移植されたと伝えられ、その鮮やかな紅葉を観に訪れる人も多い。

[まだある名城] 大森城（福島県福島市大森）標高約143mの南北に長い丘陵に築かれた城。最高地点の主郭と、南側に土塁などが残る。

主な史実 二本松城の戦い(1585)、二本松の戦い(1868)

二本松城 にほんまつじょう

福島県二本松市郭内3

幕末には少年隊が壮絶な死を遂げた地

質実剛健な石組が見事

必見!!
石垣が築城の世を語る
白旗ヶ峯山頂の山城と山麓の居城からなり、中世と近世の遺構が混在。本丸南下部には蒲生氏が築いたとされる、最大幅21m×高さ13mの野面積みの高石垣が残る。その上の天守曲輪に、近世に新たに増築された打込接の石垣が見られる。

必見!!
二ノ丸の表門・箕輪（みのわ）門
城正門にあたる箕輪門は江戸初期、丹羽光重により築造されたが、二本松の戦いで消失。現在の門は、多門櫓・二階櫓ともに昭和57年（1982）に復元されたもの。門から御殿跡へ入ると、枡形虎口の石垣がある。

必見!!
天守台から見た城下町
本丸からの眺めは素晴らしく、二本松市街地や盆地周辺を見渡せる。本丸には天守台の他、連結式天守を構成する2つの櫓台も再現されている。三層の天守があったとされるが、その真偽は今も不明。

城DATA

別名	霞ヶ城（かすみがじょう）、白旗（しらはた）城
築城年	応永21年（1414）、天正18年（1590）、寛永4年（1627）、寛永20年（1643）
築城者	畠山満泰、蒲生氏郷（がもううじさと）、加藤明利、丹羽光重
主な城主	畠山氏、伊達氏、蒲生氏、上杉氏、加藤氏、丹羽氏
現存遺構	天守台、石垣、堀切
復元遺構	箕輪門、多門櫓、二階櫓

アクセス 二本松駅から徒歩20分

関連史跡施設
大隣寺（だいりんじ）

曹洞宗の寺院で、寛永4々（1627）に建立された二本松藩主丹羽家の菩提寺。現在の本堂は文化8年（1811）の大改築で造られたもの。戊辰戦争後は、二本松藩庁の仮事務所や藩校などにも使用された。境内には、郷土を守るため戦い戦死した二本松少年隊の14名の供養塔がある。またイチョウやさくらなどの木々とともに、季節の花々が多く植えられ、四季を通じ散策を楽しめる。樹齢180年の枝垂桜は有名で、春には多くの人が撮影に訪れる。

まだある名城 三春城（福島県三春町大町）田村義顕の築城と伝わる平山城。田村氏はいったん途絶えたが、寛永年間に再興した。

|見学2時間|駅から30分以内|復元天守|有料410円|平山城|

主な史実　会津戦争（1868）

会津若松城
あいづわかまつじょう

白虎隊が籠もり一カ月もの攻防戦に耐えた

福島県会津若松市追手町1-1

みちのくの美しき古都のシンボル

必見!! 外観復元の五重の天守
蒲生氏が七重天守を築き若松城と名を改めた後、加藤氏が天守を五重に改修。現在の天守は昭和40年（1965）に外観復元され、平成23年（2011）には屋根を赤瓦に。走長屋や櫓も赤瓦葺きになり江戸末期の姿に一新。

必見!! 忍者落としの高石垣
本丸は、幅120ｍ×高さ20ｍ以上の石垣で守りを徹底。上へ勾配が急になる打込剥の石垣は、別名「忍者落とし」。廊下橋への横矢掛かりとなる茶壺櫓もある。

必見!! 武者走の石段で即移動
武者走の石段は、近道となる階段をV字型に設け、大手門となる太鼓門の渡り櫓などへの移動距離と時間をショートカットする通路。その存在は全国的にも珍しく、この城ならではの特色の1つ。

城DATA

別名	鶴ヶ城、黒川城
築城年	元中（至徳）元年（1384）、文禄元年（1592）、慶長16年（1611）
築城者	蘆名直盛、蒲生氏郷、加藤明成
主な城主	蘆名氏、伊達政宗、蒲生氏、上杉景勝、加藤氏、松平[保科]氏
現存遺構	石垣、土塁、堀
復元遺構	天守、走り長屋、南走り長屋、鉄門（多門櫓門）、千飯櫓

アクセス　会津若松駅からバス10分、徒歩5分

関連史跡施設
白虎隊十九士の墓

戊辰戦争中、飯盛山で自刃した白虎隊19人の墓所。戸ノ口原の戦いから退却した少年らは戸ノ口堰洞門を抜け、たどり着いたこの場所から炎上する城下町を見て、自刃を決意したと言われる。側には、主君の城、鶴ヶ城を見つめる白虎隊兵士の石像のほか、ただ一人生き残り後に白虎隊の自刃までの詳細を世に伝えた、飯沼貞吉の墓も建てられている。毎年、春と秋には慰霊のための墓前祭が行われ、会津高校の生徒らによる「白虎隊剣舞」が奉納される。

まだある名城　鴫山城（福島県南会津町田島）曲輪、櫓跡などが残る。長沼氏、蒲生氏、上杉氏、加藤氏と、めまぐるしく支配が移った。

向羽黒山城 （むかいはぐろやまじょう）

福島県会津美里町船場

葦名氏の栄華を物語る広大な山城

見学2時間 / 駅から30分以上 / 天守なし / 無料 / 山城

関連史跡施設
宗英寺（そうえいじ）

戦国時代の会津地方を支配した葦名氏の御影堂（みえいどう）として建立された。天文年間（1532〜1554）に全焼後、盛氏が再建。現在の建物は戊辰戦争での焼失後、昭和35年（1960）に再建されたもの。葦名盛氏坐像は国の重要文化財。

地形を巧みな土木技術で改変

城DATA
別名	岩崎城
築城年	永禄11年（1568）
築城者	蘆名盛氏（あしなもりうじ）
主な城主	蘆名氏、伊達氏、蒲生氏、上杉氏
現存遺構	堀切、竪堀、空堀、土塁
復元遺構	

アクセス 南若松駅から徒歩15分

必見!!
戦意を削ぎ落す大堀切
実城である一曲輪へは二曲輪からさらに高度で70mを登る。入口は土塁が囲む虎口で、竪土塁を有する2重の堀切、ジグザグ状の竪堀などが続々出現し足を阻む。戦力や戦意を消耗させる仕掛けが見事。

桧原城 （ひばらじょう）

福島県北塩原村桧原舘山

築城技術が光る伊達政宗の会津攻め拠点

見学2時間 / 駅から1時間以上 / 天守なし / 無料 / 山城

関連史跡施設
摺上原（すりあげはら）古戦場

磐梯山南側の裾野で、天正17年（1589）に伊達軍と葦名軍が激突。風向きを読んだ火計により伊達軍が大勝し、会津の支配権を奪い取った。

必見!!
横堀と土塁
同じく主要部を守る横堀。左手側が城内で、攻め手は頭上からの攻撃にさらされる造り。

攻撃意欲をそぐ奇妙なスロープ

必見!!
登りながら曲がる虎口
城の主要部への入口部分は、堀底道のようになり、幾重にも屈曲している。数メートルにもわたっており、さらに傾斜も登りになっているのは、他ではなかなか見られない。

城DATA
別名	小谷山（こたにやま）城、政宗城
築城年	天正13年（1585）
築城者	伊達政宗
主な城主	後藤氏
現存遺構	土塁、横堀
復元遺構	

アクセス 猪苗代駅・喜多方駅から車45分

まだある名城 柏木城（福島県北塩原村大塩）黒川城主の蘆名盛隆が伊達氏への備えとして築いた。米沢街道に沿った丘陵にあった。

| 見学30分以内 | 駅から10分以内 | 復元天守 | 無料 | 平山城 |

主な史実 奥州仕置(1590)、白河口の戦い(1868)

白河小峰城
しらかわこみねじょう

福島県白河市郭内

石垣の技巧美はまさに "万里の長城"

石垣がはるか頭上までそびえる

必見!!

蘇りつつある東北有数の高石垣
阿武隈川と谷津田川の間に位置する小峰ヶ岡という丘に、さらに盛土をして築城。半円を描く特異な積石など、東北随一とされる石垣は、平成23年(2011)の震災で10カ所、約7000個が崩落。現在も伝統技術を基本として修復中で、平成30年(2018)3月完全復旧の予定。

必見!!

復活した三重櫓
高さ14m。1・2階は張り出し部分及び石落とし、各階に格子窓と鉄砲狭間を設置。その三階櫓と前御門は平成3年(1991)に復元されたもので、東日本大震災で被災後、平成27年(2015)に修復が完了、内部公開も再開。

必見!!

敵を威圧する清水門
本丸への入口となる冠木門。櫓台石垣の足元には巨大な礎石が見られ、ま正面には同心円状の打込接の高石垣がそそり立つ。まるで二ノ丸を突破した敵を威嚇するかのような勇姿を楽しめる。

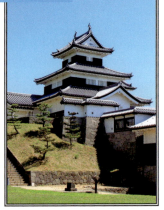

城DATA

別名	白河城、小峰城
築城年	暦応3年[興国元年](1340)、寛永6年(1629)
築城者	結城親朝(ゆうきちかとも)、丹羽長重
主な城主	結城氏、蒲生氏、丹羽氏、榊原氏、本多氏、松平氏、阿部氏
現存遺構	石垣、土塁、堀
復元遺構	三重櫓、太鼓櫓、前御門
アクセス	白河駅から徒歩10分

関連史跡施設
旧小峰城太鼓櫓
現存する白河小峰城の唯一の遺構。小峰城の二之丸入口の太鼓門西側に建てられていた。これ以外の小峰城の楼閣は、戊辰戦争時に焼失、解体されるなどしている。名称の通り、太鼓により城内の時を告げるための櫓であったと推定される。明治7年(1874)の民間払い下げに際し個人が購入。三之丸の紅葉土手に移築された後、さらに現在の場所へと移った。昭和39年(1964)に白河市の重要文化財に指定されており、現在は茶室となっている。

まだある名城 黒羽城(栃木県大田原市前田) 天正4年(1576)、大関高増により築城されたとされる。曲輪や土塁、空堀が残る。

Special 01 伊東 潤の極私的名城 ベスト10

1位 滝山城 ……P33
（東京都八王子市高月町・舟木町）
信玄も落とせなかった土の城の最高傑作！

2位 杉山城 ……P37
（埼玉県嵐山町杉山）
マニア垂涎の城郭オーパーツ！

3位 諏訪原城
（静岡県島田市金谷）
寄手の血を吸い尽くす丸馬出！

4位 小谷城 ……P83
（滋賀県長浜市小谷郡上町）
戦国時代の華とも呼べる巨大山城！

5位 山中城 ……P50
（静岡県三島市山中新田）
北条氏の築城技術の粋を集めた大要害！

6位 本佐倉城
（千葉県酒々井町本佐倉・佐倉市大佐倉）
寄手に襲い掛かる双頭の蛇！

7位 五稜郭 ……P8
（北海道函館市五稜郭町44）
箱館戦争の舞台となった欧州式稜堡型城郭！

8位 玄蕃尾城 ……P82
（滋賀県長浜市余呉町柳ヶ瀬・福井県敦賀市刀根）
織豊系陣城構築技術の到達点！

9位 小幡城 ……P31
（茨城県茨城町小幡）
謎に包まれた完存城郭！

10位 松井田城
（群馬県安中市松井田町高梨子）
見どころ満載の境目の城！

伊東 潤
Jun Ito

1960年、神奈川県生まれ。早稲田大学卒。外資系企業のマネジメントを歴任した後、2010年に専業作家となる。歴史を題材とした作品を発表し、数多くの賞を受賞している。「この時代小説がすごい！ 2014年版」（宝島社）では単行本・作家部門ランキング1位を獲得。現在ではテレビやラジオ出演など、幅広く活動している。

- 唐沢山城……29
- 多気山城……30
- 宇都宮城……30
- 烏山城……31
- 笠間城……32
- 岩槻城……37
- 水戸城……32
- 小幡城……31
- 佐倉城……35
- 久留里城……36
- 大多喜城……35
- 千本城……36

第2章 関東の城 23

少勢力が群雄割拠する時代が長く続いた関東。小田原北条氏の領土拡大、武田信玄や上杉謙信の度重なる侵入もあり、実戦の舞台となった城が多いのが特徴。攻め手、守り手の視点から、城歩きを堪能したい。

【主な史実】箕輪城の戦い（1566）

箕輪城（みのわじょう）

群馬県高崎市箕郷町東明屋

武田信玄の猛攻と渡り合った北関東の堅城

馬出＆城門で鉄壁の守り

関連史跡施設　長年寺
戦国大名・長野氏の菩提寺。1501（1501）年に長野業尚（なりひさ）が創建し、以後、箕輪城主として活躍した長野業正公まで、七代の五輪塔が並ぶ。

必見!!
馬出（うまだし）＆土橋
あるときは出撃拠点に、またあるときは防衛の要に。いずれもシンプルだが基本に則った構造で、初心者もわかりやすい。

必見!!
三ノ丸石垣
野面積みの石垣。大手に面した三の丸は防御力を高めるため石垣が設けられている。

城DATA
別名	—
築城年	明応9年（1500）前後
築城者	長野業正（ながのなりまさ）、武田信玄、北条氏邦、井伊直政
主な城主	長野氏、武田氏、織田氏、小田原北条氏、徳川氏
現存遺構	石垣、土塁、空堀
復元遺構	城門

【アクセス】高崎駅からバス30分、徒歩20分

【主な史実】名胡桃城事件（1589）

名胡桃城（なぐるみじょう）

群馬県利根郡みなかみ町下津

小田原征伐のきっかけとなった

関連史跡施設　正覚寺
天正17年（1589）、名胡桃城代を務めていた鈴木重則は、北条家の家臣・猪俣邦憲（いのまたくにのり）に、城を騙し取られた責任を取り当寺で切腹して果てた。

稀代の戦上手・真田家の技が光る

必見!!
二・三郭間の堀切
鋭く掘られた堀切は、よく見ると、中央の木橋の左右で堀幅の半分ずつずらしてある。奥に見える二郭入口は、二度直角に折れ曲がる喰違虎口。堀切との組合せで守りは万全だ。

必見!!
物見郭からの眺望
城域の北端に位置する。細尾根の先端部からは、現在は木々が邪魔をしているが、伐採すれば抜群の眺望だったに違いない。

城DATA
別名	—
築城年	延徳4年［明応元年］（1492年）、天正7年（1579）
築城者	沼田氏、真田氏
主な城主	真田氏、鈴木重則
現存遺構	空堀、土塁、堀
復元遺構	土塁・木橋

【アクセス】上毛高原駅または後閑駅から車7分

【まだある名城】沼田城（群馬県沼田市西倉内町）上杉謙信が関東攻略の拠点とした。天正8年（1580）に真田昌幸が攻め落とす。

| 見学2時間 | 駅から30分以内 | 天守なし | 無料 | 山城 |

主な史実 岩櫃城の戦い(1563)

岩櫃城
いわびつじょう

群馬県吾妻郡東吾妻町原町

断崖絶壁の岩櫃山東面に築かれた山城

迷路のような竪堀群

必見!! 本丸・二の丸間の堀切
右の斜面上が本丸。正面奥から竪堀の底を登ってきた攻め手を、挟撃する最後の防衛ポイント。不定形に歪んで伸びる堀底道は、平衡感覚を失わせる効果もあっただろう。

必見!! 天狗の丸北西の堀切
木立の中でわかりづらいが、非常に深く、一見の価値あり。

必見!! 真田道の土橋
城の中腹を走る幅の狭い道は、真田家の故郷・上田まで続いていたとの伝承も。竪堀を渡る土橋も状態良好。

城DATA

別名	
築城年	応永12年(1405)
築城者	斉藤氏
主な城主	斎藤氏、真田幸隆、真田昌幸
現存遺構	土塁、竪堀、空堀
復元遺構	

アクセス 群馬原町駅から車10分

関連史跡施設
潜龍院(せんりゅういん)

主家である武田勝頼を迎えるために、真田昌幸がわずか3日で造ったという御殿。天正10年(1582)当時、甲斐国を本拠とする武田家は、織田・徳川の連合軍に追い詰められていた。重臣でもある真田昌幸は、甲斐を捨て岩櫃城に主君を迎え入れることで、武田の再挙を図ることを企図し、その受け入れ体制を整えていた。しかし、勝頼は岩櫃ではなく岩殿城を目指したが裏切りに遭い、天目山で自刃。御殿が利用されることはなかった。

まだある名城 柳沢城(群馬県東吾妻町原町) 岩櫃城の東側の観音山に築かれた出城。奇岩巨石の連なる修験道の聖地でもある。

見学2時間	駅から1時間以上	天守なし	無料	山城

主な史実 金山城の戦い（1495・1565・1574）

金山城
かなやまじょう

山中にひそむ関東七名城の一つ

群馬県太田市金山町40-98

石造の粋を尽くした巧みな構造

必見!!

大手虎口
通路は石敷き、両側は石積み、正面には土塁石垣が立ちはだかった石で埋め尽くされた道。大規模で複雑な構造をした虎口は、両脇からの攻撃を避けて進むことが難しいことから難攻不落を誇り、二の丸と本丸へ続く通路を守っていた。

必見!!

日の池
標高215m、直径17.5mほど、深さは2mの大きな池。冬でも池の水が枯れることがなかったことから、勝利や雨乞いの祈願を行った場所と考えられている。築城前から神聖な場所であったようだ。

必見!!

物見台下虎口
現在は関東平野を見下ろす展望台だが、当時は周囲を監視するための場所であった。見晴らしがよいため、金山城を上杉謙信が攻めた際には、物見台から死角になる場所に陣を取ったといわれている。

城DATA

別名	日田（にった）金山城、太田金山城
築城年	応仁3年［文明元年］（1469）
築城者	岩松家純
主な城主	岩松氏、由良（ゆら）氏、小田原北条氏
現存遺構	土塁、井戸、石垣
復元遺構	石垣、木橋、竈

アクセス 太田駅から徒歩1時間20分

関連史跡施設
太田市金山地域交流センター

建築家・隈研吾が設計した博物館兼資料館。関東七名城のひとつとされた金山城が、そのモチーフになっている。外壁には金山城の石垣をイメージした石板が配置されており、格子柄を取り入れたデザインとなっている。併設されている史跡金山城ガイダンス施設では、城跡から出土した遺物展示や発掘調査情報の解説のほか、大スクリーンを用いた、金山城の歴史に関する映像が見られるコーナーもある。

まだある名城 厩橋城（群馬県前橋市大手町）長野賢忠が築城者といわれる。上杉謙信が拠点のひとつとし、武田氏や北条氏と戦った。

| 見学2時間 | 駅から1時間以内 | 天守なし | 無料 | 山城 |

主な史実　唐沢山城の戦い（1560・1561・1562・1563・1564・1567・1570）

栃木県佐野市富士町

唐沢山城
からさわやまじょう

10数回におよぶ上杉謙信の攻撃を退けた

屈強な山城の最終防衛ライン

必見!!
本丸の高石垣
関東地域では珍しいとされる高石垣が、本丸の回りを囲む。高さは約8mにもなる。下に立って見上げてみれば、その落差が実感できる。仮に城内深くまで攻め込まれたとしても、そう簡単には落とせない。

必見!!
天狗岩からの眺望
標高242mの唐沢山。唐沢城内にある山頂の天狗岩からは、筑波山、東京のビル群や東京スカイツリーなど、関東平野を一望することができる。

必見!!
大炊の井
竜神宮の隣にある、深さ9m、直径8mと巨大な井戸。築城の折には、厳島大明神に祈願することにより、水が湧き出たと伝わっている。

城DATA

別名	栃本城、根古屋城、牛ヶ城
築城年	延喜5年（927）
築城者	藤原秀郷
主な城主	佐野氏
現存遺構	石垣、土塁、竪堀、堀切、土橋
復元遺構	井戸

アクセス　岩舟駅からバス30分、徒歩30分。佐野駅から車20分

関連史跡施設
本光寺

文亀2年（1502）、唐沢山城主・佐野盛綱が青柳山の山麓に建立した。大永2年（1522）には後柏原天皇から勅願寺綸旨を賜り、寺運が隆盛するも、慶長19年（1614）に佐野氏が突然改易となり、唐沢山麓から現在の場所に移る。一時は廃寺となるが、元和6年（1620）に現在地に再建された。勅願寺綸旨、石幢、佐野氏忠の判物が寺宝として残っており、佐野市指定有形文化財に指定された。佐野氏十五代当主・佐野昌綱の墓が建てられている。

まだある名城　西方城（栃木県西方町本城）西方氏の居城だったが、天正18年（1590）豊臣秀吉の小田原征伐の後、廃城となった。

見学1時間 / **駅から30分以内** / **復元天守** / **無料** / **平城**

主な史実：宇都宮城の戦い（1868）、宇都宮釣天井事件（1622）

宇都宮城（うつのみやじょう）

江戸初期の"釣天井事件"で知られる

栃木県宇都宮市本丸町旭1

関連史跡施設
明神山
栃木県北西部山系の最南端部に位置し、頂部には宇都宮二荒山（ふたらさん）神社の社殿が建つ。宇都宮城の歴代城主・宇都宮一族が同社の社職を務めていた。

清明台（せいめいだい）櫓
宇都宮城本丸の土塁北西部にあった櫓。広さ3間（5.9m）×3間半（6.9m）。江戸時代に宇都宮城の改修の際に2重2階の櫓・清明台櫓が築かれた。

必見!! 復元された事実上の天守

必見!! 富士見櫓
本丸の土塁南西部にあり、広さ3間（5.9m）×4間半（7.9m）。その名の通り、かつて富士山の姿を臨めたという。

城DATA
別名	亀ヶ岡城
築城年	平安時代末期
築城者	藤原秀郷または藤原宗円
主な城主	宇都宮氏、本多氏、奥平氏、戸田氏
現存遺構	土塁、大いちょう
復元遺構	土塁、堀、清明台櫓、富士見櫓、土塀

アクセス JR宇都宮駅から徒歩20分

見学30分 / **駅から30分以内** / **天守なし** / **無料** / **山城**

多気山城（たげさんじょう）

おびただしい数の帯曲輪群

栃木県宇都宮市田下町

関連史跡施設
宇都宮家累代の墓
宇都宮氏第3代当主・朝綱（ともつな）は、益子に尾羽寺（現在の地蔵院）を開山する。以後、同寺は宇都宮氏の菩提寺となり、宇都宮家累代の墓が建てられた。

均整のとれた美しき姿

必見!! 里より城を遠望する
中央の形のよい独立峰が、城の築かれた多気山。城域が広大なのがよく分かる。

必見!! 山裾の横堀
長大に伸びる横堀。一見すると浅く見えるが、往時はもっと深く切られていたと想像できる。

城DATA
別名	―
築城年	不明
築城者	不明
主な城主	多気兵庫守、宇都宮氏
現存遺構	土塁、堀
復元遺構	―

アクセス 下妻駅から車25分

まだある名城 真名子城（栃木県西方町真名子）赤瓶山に築かれた山城。山頂の主郭まで登山道があり、周りを帯曲輪が多段に巡る。

| 見学1時間 | 駅から30分以内 | 天守なし | 無料 | 山城 |

主な史実 大海の戦い(1563)、治部内山の戦い(1566)、大崖山・霧ヶ沢の戦い(1567)

烏山城
からすやまじょう

栃木県那須烏山市

喜連川丘陵に築かれた連郭式の城

山頂部の森の中に圧巻の石垣群

関連史跡施設
神長門

享保10年(1725)から大久保氏が城主を務めた後、版籍奉還によって廃城。積雪での崩壊や失火などがあるが、搦手門は民家に移築され現存している。

必見!!

5mの高さを誇る切岸
標高202mの連郭式山城。山頂に4つの曲輪が作られ、大きな切岸で腰曲輪から遮断されている。本丸と古本丸西側の横堀の西下は、5mほどの高さの切岸となる。

🏯 城DATA 🏯

別名	臥牛城
築城年	1418年
築城者	那須資重
主な城主	那須氏、成田氏、板倉氏、堀氏、大久保氏など
現存遺構	空堀、土塁、石垣
復元遺構	

アクセス 烏山駅から徒歩15分

必見!!

傾斜を強化する横堀
山の西側の防護を強化するため、深さ8m、幅20mにもなる大規模な横堀が築かれた。

| 見学1時間 | 駅から1時間以内 | 天守なし | 無料 | 平山城 |

小幡城
おばたじょう

茨城県茨城町小幡

巧妙に作られた中世城郭は一見の価値あり

関連史跡施設
小幡宿

江戸から19駅目となる、小幡城を貫いて伸びる水戸街道の宿場のひとつ。本陣がなく、宿の入口にある法円寺が水戸藩の定宿として、本陣の役割を果たしていた。

必見!!

迷路のような堀底道
先を見通すことも、今いる場所も見失うほど複雑に作られた堀底道。堀の上には高い土塁や櫓台があり、敵兵に頭上から攻撃をしかけることができる。

🏯 城DATA 🏯

別名	
築城年	1417年または鎌倉時代
築城者	大掾義幹または小田光重
主な城主	大掾氏、江戸氏、佐竹氏
現存遺構	空堀、土塁、土橋、井戸
復元遺構	

アクセス 石岡駅からバス30分、徒歩20分

出口の見えないまるでラビリンス

まだある名城 手葉井山城(茨城県石岡市小幡) 深い山中に潜む、圧巻の堀切や竪堀群。主要な城域より奥にも支城らしき遺構が現存。

【見学1時間】【駅から10分以内】【天守なし】【無料】【平城】

主な史実：天狗党の乱（1864）、弘道館戦争（1868）

水戸城（みとじょう）
茨城県水戸市三の丸

名君を多数輩出した徳川御三家の居城

関連史跡施設
偕楽園（かいらくえん）
水戸藩の九代目藩主・徳川斉昭（とくがわなりあき）が、天保13年（1842）に創設した回遊式庭園。園内では2月下旬〜3月下旬にかけて、100種3000本の梅が咲く。

堀の上から敵を狙い撃ち
必見!!

三ノ丸の空堀
石垣が使われていない水戸城は深く幅広い堀が守備の要であった。巨大な空堀は近世城郭の特徴。三の丸の空堀は200mにわたり残っている。

城DATA
別名	馬場城、水府城
築城年	建久年間（1190〜1198）
築城者	佐竹義宣、徳川頼房
主な城主	大掾（だいじょう）氏［馬場氏］、江戸氏、佐竹氏、徳川氏
現存遺構	橋詰門［薬医門］、土塁、空堀
復元遺構	

アクセス：水戸駅から徒歩8分

必見!!
橋詰（はしづめ）門［薬医（やくい）門］
本丸には現在、水戸第一高校があり、唯一の建築遺構の門が建つ。

【見学1時間】【駅から30分以内】【天守なし】【無料】【山城】

笠間城（かさまじょう）
茨城県笠間市佐白山

石垣が多用された屈強な造りの城

関連史跡施設
笠間稲荷神社
日本三大稲荷のひとつ。歴代藩主の崇敬が篤く、転封で笠間を離れる際に新赴任地に分祀することもあった。第十三代藩主・井上正賢より、藩主の祈願所にも指定された。

山頂部に残る堅牢な石垣
必見!!

天守曲輪の石垣
勾配の急な石段を登っていった先に、圧巻の石垣群が現れる。巨石の間に細かな石を詰めた野面積が段々に連なっている。現在は一部崩壊しており、石垣上へは立入禁止。

城DATA
別名	桂城
築城年	1219年
築城者	笠間時朝
主な城主	笠間氏、宇都宮氏、蒲生郷成、牧野氏
現存遺構	空堀、石垣、土塁、井戸
復元遺構	

アクセス：笠間駅から車15分

必見!!
石切場の巨石
天守曲輪の南側斜面下には、巨石が各所に。ノミ跡のはっきり残るものも。

まだある名城｜羽黒山城（茨城県桜川市西小塙）南北朝時代の南朝方の城だったといわれる。長大なスロープ状の斜面が個性的。

江戸城 えどじょう

東京都千代田区千代田

徳川将軍による国内最大の巨大城郭

| 見学2時間 | 駅から10分以内 | 天守なし | 無料 | 平城 |

(主な史実) 江戸城の乱(1486)、明暦の大火(1657)

日本一の城の心臓部

関連史跡施設
愛宕山
標高23メートルの小山。西郷隆盛と勝海舟が江戸の町を眺めながら話し合い、町を戦禍にさらすことをさけようと、江戸城の無血開城の結論に至ったとも。

必見!!

御影石製の天守台
現在の天守台は3代将軍家光のとき、元和の天守台に建てたもの。

城DATA

別名	千代田城
築城年	長禄元年(1457)、慶長11年(1606)、元和8年(1622)、寛永14年(1637)
築城者	太田道灌(おおたどうかん)、徳川家康、徳川秀忠、家光
主な城主	太田氏、北条氏、徳川氏
現存遺構	櫓(伏見櫓、桜田巽櫓など)、城門(外桜田門、清水門、田安門など)、番所、石垣、堀
復元遺構	大手門、庭園

(アクセス) 東京駅から徒歩5分

必見!!
富士見櫓
江戸城唯一の三重櫓。ここから将軍が、富士山や両国の花火などを眺めていたといわれる。

滝山城 たきやまじょう

東京都八王子市舟木町・高月町

土塁を駆使した"土の城"の究極

| 見学1時間 | 駅から1時間以内 | 天守なし | 無料 | 山城 |

(主な史実) 滝山城の戦い(1569)

武田家の猛攻に耐え抜いた

関連史跡施設
廿里(とどり)古戦場
現・八王子市廿里町。永禄12年(1569)、甲斐から武蔵へなだれ込んだ武田軍は、この場所で小田原北条軍を一蹴。滝山城の三ノ丸まで攻め入ることになる。

必見!!

滝山城のシンボル・引橋
堀切を渡る橋で、中の丸と本丸をつないでいる。当時の堀切は現在よりもさらに深かったという。敵に攻められた際は橋を引き込んだりして渡れないようにしたようだ。

城DATA

別名	―
築城年	大永元(1521)年
築城者	大石定重
主な城主	大石氏、北条氏照
現存遺構	土塁、堀、井戸
復元遺構	引橋

(アクセス) 八王子駅からバス30分、徒歩15分

必見!!
視界を遮る屈曲
本丸への入口のひとつ。屈曲と土塁により曲がった先がまったく見えない。

(まだある名城) 深大寺城(東京都調布市深大寺元町)創築は不明だが、扇谷上杉朝定が天文6年(1537)に再興。土塁は必見。

| 見学2時間 | 駅から30分以内 | 天守なし | 無料 | 山城 |

主な史実 八王子城の戦い（1590）

八王子城
はちおうじじょう

小田原北条氏の最期を物語る悲劇

東京都八王子市元八王子町・下恩方町・西寺方町

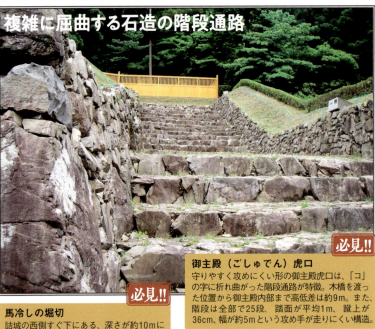

複雑に屈曲する石造の階段通路

必見!!　御主殿（ごしゅでん）虎口
守りやすく攻めにくい形の御主殿虎口は、「コ」の字に折れ曲がった階段通路が特徴。木橋を渡った位置から御主殿内部まで高低差は約9m。また、階段は全部で25段、踏面が平均1m、蹴上が36cm、幅が約5mという攻め手が走りにくい構造。

必見!!　馬冷しの堀切
詰城の西側すぐ下にある、深さが約10mにもなる八王子城で最大級の堀切。かつて井戸があったといわれ、南北に風が吹き抜けて水が出る、馬を休ませる絶好の場所だった。

必見!!　御主殿の滝
天正18年（1590）の落城時、婦女子や武将らが次々と滝に身を投じた。城山川の水が3日3晩、血で赤く染まったといわれている。

城DATA

別名	―
築城年	天正10年（1582）～天正15年（1587）
築城者	北条氏照
主な城主	北条氏
現存遺構	石垣、堀切、井戸、土塁
復元遺構	後主殿虎口、曳橋

アクセス 高尾駅からバス7分、徒歩15分

関連史跡施設
北条氏照の墓

天正18年（1590）、時の天下人・豊臣秀吉による小田原征伐の際、八王子城主だった氏照は本家とともに小田原城に籠もり、居城には重臣を置いた。しかし北条氏は敗れし、小田原城は降伏し開城となる。氏照は兄である当主の氏政とともに切腹。氏照の墓は、八王子城近くの森のなかにひっそりとたたずんでいる。家臣だった中山家範（いえのり）の孫・中山信治が、氏照の百回忌に建立した。両脇には、中山家範と信治の墓も並んでいる。

まだある名城　初沢城（東京都八王子市初沢町）別名「椚田城」「高乗寺城」とも。初沢山の尾根上に曲輪、土橋などの遺構が残る。

佐倉城 さくらじょう

千葉県佐倉市城内町官有無番地

代々譜代大名が封ぜられた江戸を守る要地

見学1時間 / 駅から30分以内 / 天守なし / 無料 / 平山城

関連史跡施設
佐倉の城下町
慶長15年（1610）に徳川家康の命を受けた老中・土井利勝は、翌年から7年間にわたり佐倉城を築城し、その周辺に城下町が形成されていった。

春には古城が華やかに
必見!!

角馬出（かとうまだし）前面の空堀
城門前に築かれた、人馬の出入を敵に知られぬようにした土手を馬出という。現在は長辺、短辺はそのまま復元され、空堀の深さは約3mとなっている。

城DATA
別名	鹿島城
築城年	天文年間（1532〜55）、慶長16年（1611）
築城者	千葉邦胤（くにたね）、土井利勝
主な城主	土井氏、石川氏、松平［形原］氏、堀田氏、松平［大給（おぎゅう）］氏、大久保氏、戸田氏、稲葉氏
現存遺構	天守台
復元遺構	馬出、空堀、土塁

アクセス 京成佐倉駅から徒歩20分

水堀越しの出丸
堀に逆さに映る桜に目がゆくが、屈曲させ敵を狙う角度を増やしている造りにも注目。
必見!!

大多喜城 おおたきじょう

千葉県大多喜町大多喜481

譜代大名の拠点として重要な役割を果たす

見学1時間 / 駅から30分以内 / 復興天守 / 有料200円 / 平山城

主な史実 大多喜城の戦い（1544）

関連史跡施設
二の丸御殿薬医門
天保13年（1842）の火災後に再建された二の丸御殿の御門。明治維新後、地元の名士・小高半左衛門がもらい受け、大正時代に大多喜高校の校門として寄贈。

徳川四天王・本多忠勝の城
必見!!

3重3階の望楼型天守
本多忠勝が築いた天守は、天保13（1842）年に焼失。現在は天保6（1835）年の図面をもとに再建されたものだが、発掘調査で天守は出てきていないとか。

城DATA
別名	大滝城、小多喜城
築城年	大永元（1521）年
築城者	真里谷（まりやつ）信清
主な城主	真里谷氏、里見氏、本多氏、阿部正次、青山正俊、阿部正令、阿部正春、稲垣重富、松平氏
現存遺構	土塁、井戸
復元遺構	御三階櫓

アクセス 大多喜駅から徒歩20分

日本で最も大きな井戸
本多忠勝が掘らせた大小の井戸。中でも周囲17m、深さ20mの日本一の大井戸が現存する。
必見!!

まだある名城 本佐倉城（千葉県酒々井町本佐倉）千葉氏が千葉城から移り本拠としたが、天正18年（1590）に豊臣軍に攻め落とされた。

久留里城（くるりじょう）

千葉県君津市久留里

北条氏と関東の覇権を競った里見氏の本拠

| 見学2時間 | 駅から1時間以内 | 模擬天守 | 無料 | 山城 |

主な史実：久留里城の戦い（1564）

落差日本一？巨大すぎる堀切　必見!!

関連史跡施設　真勝寺
山門は、古久留里城の城門を模して作られたといわれている。久留里藩の第9代目藩主で、久留里城最後の城主・黒田直養（なおたか）の墓がある。

尾根道を断つ大堀切
模擬天守の裏から伸びる細尾根をたどってゆくと、すぐに出くわす。落差は4～5メートルはゆうにある。このクラスの大堀切が幾つも連なる。

圧巻の大土塁　必見!!

圧巻の大土塁
高さは2m以上はあり、土塁というよりは櫓台のようにも見える。そばに天守台があり、眼下に登城路が見える。防衛上の重要箇所であるのは間違いない。

城DATA
別名	雨城
築城年	康正2（1456）年
築城者	武田信長
主な城主	上総武田氏、里見氏、小田原北条氏、大須賀忠政、土屋忠直、黒田氏
現存遺構	堀切、井戸、天守台
復元遺構	天守

アクセス：久留里駅から徒歩35分

千本城（せんぼんじょう）

千葉県君津市広丘

里見氏の勢力下にあった謎多き山城

| 見学1時間 | 駅から10分以内 | 天守なし | 無料 | 山城 |

主な史実：千本城の戦い（1580）

息をのむ落差の大切岸　必見!!

関連史跡施設　琵琶首館跡
天正8年（1580）の里見義弘死後、後継争いに敗れた嫡男・梅王丸の母と妹を幽閉。断崖上の館から監視されていたという。現・市原市田渕白尾。

本丸側面の切岸
元々の自然地形による所も多いとは思われるが、それにしても衝撃的な落差と角度。ほとんどハングオーバー状態にえぐれている箇所も。

大堀切　必見!!

大堀切
こちらも見事としか言いようがない。堀切を多用する里見氏の山城の真骨頂。

城DATA
別名	―
築城年	不明
築城者	里見氏？
主な城主	里見氏、東平氏
現存遺構	堀切、土塁
復元遺構	―

アクセス：上総松丘駅から徒歩10分

まだある名城　佐貫城（千葉県富津市佐貫）染川と北上川に挟まれた丘陵に武田義広が築いた。石積の櫓台などが現存。

岩槻城 いわつきじょう

埼玉県さいたま市岩槻区太田

関東戦国史に欠かせぬ男・大田資正の居城

見学30分 / **駅から30分以内** / **天守なし** / **無料** / **平山城**

主な史実 岩槻城の戦い（1525・1530・1564）

関連史跡施設
岩槻郷土資料館
昭和5年（1930）に建てられた岩槻警察署旧庁舎を活用した資料館。岩槻城の模型や城絵図などのほか、岩槻の歴史やくらしの道具に関する展示もある。

水面に映える雅な橋

菖蒲池にかかる八つ橋（必見!!）
朱色の欄干が見事な八つ橋は、その名の通り八つに折れ曲がっている。現役時代の城とは全く関係がないのだが、撮影スポットとして人気。

城DATA
別名	岩付城［岩附城］、白鶴城、浮城
築城年	文明10年（1478）
築城者	成田正等
主な城主	成田氏、太田氏、小田原北条氏、大岡氏
現存遺構	新曲輪、鍛冶曲輪、土塁、空堀、馬出
復元遺構	―

空堀＆土塁（必見!!）
往時の姿が失われてしまった岩槻城だが、土塁はしっかり残存。空堀が現在、散策路になっている。

アクセス 岩槻駅または東岩槻駅から徒歩25分

杉山城 すぎやまじょう

埼玉県嵐山町杉山

地形を巧みに利用して作られた

見学1時間 / **駅から1時間以内** / **天守なし** / **無料** / **山城**

関連史跡施設
菅谷館跡
鎌倉時代に畠山重忠が住居したと伝わる館跡。昭和48年（1973）年に国の史跡に指定。平成20年（2008）には比企城館跡群菅谷館跡と名称変更された。

V字＆W折れで鉄壁の守り

屏風折れの外郭の切岸（必見!!）
標高95mの山の高低差を利用した巧みな造りがよくわかる。南郭の切岸は屏風のように幾度も折れ、横矢が掛かるようになっている。下部には横堀も伸びている。

城DATA
別名	初雁城
築城年	1505（永正2）年頃
築城者	山内上杉氏？
主な城主	杉山主水？
現存遺構	堀、土塁、土橋
復元遺構	―

侵入を防御する土橋（必見!!）
馬出郭と南郭の接続部は、幅が急に狭くなる。両脇の空堀との落差も相当なもの。

アクセス 武蔵嵐山駅から徒歩40分

まだある名城 松山城（埼玉県吉見町北吉見）応永6年（1399）、上田友直の築城。武蔵国の要衝で、幾度も苛烈な戦いが行われた。

見学2時間／駅から30分以内／天守なし／無料／平山城

主な史実 鉢形城の戦い(1478・1512・1569・1574)
高見原の戦い(1488)、小田原征伐(1590)

鉢形城 はちがたじょう
埼玉県寄居町鉢形2496-2

北関東支配の拠点として重責を担う

関連史跡施設 城立寺
鉢形城の城主・北条氏邦が城内に建立した祈願所が起源。明治31年(1898)に現在地に移転。境内には移転した五輪塔や宝篋印塔(ほうきょういんとう)が建つ。

必見!! 張り巡らされた空堀が圧巻

空堀(二・三の曲輪間)
地形上、西側が開けて防衛上の弱点となっていたため、南西側に三の曲輪、北東側に二の曲輪などを配置した曲輪が連なる連郭式の構造となっている。

城DATA
別名	―
築城年	文明8年(1476)、永禄年間(1558〜1570)
築城者	長尾景春
主な城主	長尾氏、上杉氏、小田原北条氏
現存遺構	土塁、堀、土橋
復元遺構	石垣

アクセス 寄居駅からバス5分、徒歩5分。寄居駅から徒歩25分

必見!! 荒川越しに鉢城を臨む
荒川と深沢川に挟まれた舌状台地の上に築かれた城。荒川に面した最高所が本丸となる。

見学1時間／駅から1時間以内／天守なし／無料／山城

主な史実 小田原征伐(1590)

石垣山一夜城 いしがきやまじょう
神奈川県小田原市早川

関東初の本格的な総石垣で築かれた城

関連史跡施設 早川石丁場群
江戸城の石垣を造るための石を切り出した場所として知られる。石垣山一夜城からも近い場所にあるが、同城内の石垣にも利用されたかどうかは不明。

天下人の威光をも感じる巨大さ

必見!! 深く広い井戸曲輪
直径は10メートルはあるだろうか。とんでもないサイズの井戸曲輪。水を求めて掘るうちにここまで達したのだろうか。相当の土木技術と労力がかかっている。

城DATA
別名	―
築城年	1590(天正18)年
築城者	豊臣秀吉
主な城主	豊臣氏
現存遺構	石垣、堀切、井戸
復元遺構	―

アクセス 早川駅から徒歩50分

必見!! 南曲輪側面の石垣
膨大な巨石が使用されている。攻撃拠点として一時的に利用する「陣城」にしては規格外。

まだある名城 小倉城(埼玉県玉川村田黒)北条氏の家臣・遠山光景が築いたとされる。空堀や土塁などの遺構が残っている。

| 見学2時間 | 駅から30分以内 | 復興天守 | 有料500円 | 平山城 |

主な史実　小田原城の戦い(1561・1569)　小田原征伐(1590)

小田原城
おだわらじょう

かつて総郭を有した北条五代の夢の跡

神奈川県小田原市城内

関東有数の城下町を見晴らす

必見!! 相模湾を一望する天守
幾度もの大地震によって倒壊や消失をした天守だったが、明治3年(1870)の廃城で天守は払い下げられた。その後、昭和35年(1960)に総工費8000万円をかけて復興。内部は甲冑や武具、北条5代の肖像画など、展示等の施設になっている。

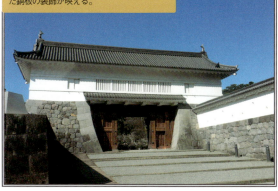

銅（あかがね）門
二の丸の正門にあたり、馬屋曲輪から二の丸に通じる位置にある。渡櫓門、内仕切門と土塀で周囲を囲む枡形門の構造をもっている。なお、渡櫓門には銅門という名の由来となった銅板の装飾が映える。

必見!! 馬出門
二の丸正面に構えられた門。土塀や周囲の門との組合せで、枡形の構造になるように配置されている。土塀には弓矢用と鉄砲用、それぞれ形の異なる狭間も並んでいる。

城DATA

別名	小峯[小峰]城、小早川城、小早川館
築城年	15世紀中頃、15世紀末、天正19年(1591)、寛永10年(1633)
築城者	大森氏、小田原北条氏、大久保忠世、稲葉正勝
主な城主	大森氏、小田原北条氏、大久保氏、稲葉氏
現存遺構	石垣、土塁、水堀、空堀、大堀切、土塁
復元遺構	天守、常盤木門、銅門、馬出門、水堀

アクセス　小田原駅から徒歩12分

関連史跡施設
早雲寺（そううんじ）

箱根湯本に立つ、臨済宗大徳寺派の寺院。小田原北条氏初代の早雲の遺言に基づき、息子で二代目の氏綱が大永元年(1521)に創建する。北条氏の菩提時として大いに栄えたが、天正18年(1590)、秀吉の小田原征伐の際に焼き払われた。寛永4年(1627)に再建。境内にある後北条氏五代の墓は、狭山藩北条家5代目当主の氏治が、寛文12年(1672)の早雲命日に建立した供養塔。肖像画や愛用品など、北条家にまつわる品を所蔵する。

まだある名城　足柄城(神奈川県南足柄市矢倉沢)　改修を繰り返した堅固な城。別名霞城とも。本丸から富士山が望める。

第3章 中部・東海の城 32

武田氏の丸馬出、小田原北条氏の障子堀——。それぞれに工夫を凝らした築城術の粋を実感するなら、この地方の城が最適。岩盤上に天守を建てたり、石垣を六段も積み上げたりと、オンリーワン系も。

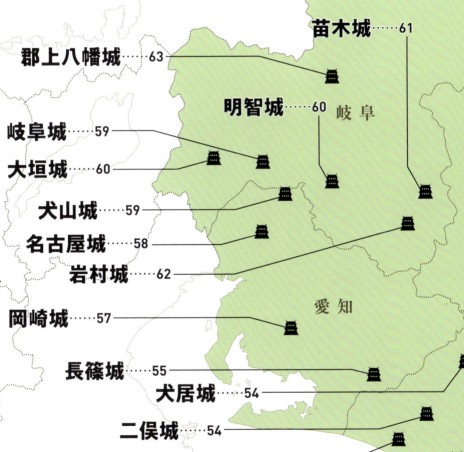

- 松倉城……63
- 苗木城……61
- 郡上八幡城……63
- 明智城……60
- 岐阜 岐阜城……59
- 大垣城……60
- 犬山城……59
- 名古屋城……58
- 岩村城……62
- 愛知 岡崎城……57
- 長篠城……55
- 犬居城……54
- 二俣城……54
- 浜松城……55
- 掛川城……53
- 高天神城……52

| 見学2時間 | 駅から30分以内 | 現存天守 | 有料610円 | 平城 |

主な史実　武田信玄の信濃侵攻（1550　※深志城）

松本城 まつもとじょう

長野県松本市丸の内4-1

美しき姿の中に戦の準備も万全

北アルプスを背景に天守が映える

必見!!　均整のとれた五重天守
堂々たる威容を誇る天守群。大天守・乾小天守、渡櫓は戦国時代末期、辰巳附櫓と月見櫓はその後の江戸時代初めの築造で、現存天守12城中、五重六階の天守としては日本最古。大天守、乾小天守、渡櫓、辰巳附櫓、月見櫓の5棟は国宝。

必見!!　屈指の急勾配階段
内部は6階建てで、階段はいずれも勾配がきつい。最も急なのが4階から5階への部分で、61度もの傾斜がある。

必見!!　天守と一体の月見櫓
三方に朱色の刎ね勾欄（はねこうらん）を施し、舞良戸（まいらど）という薄い板戸を備えた優美な造り。

城DATA

別名	深志（ふかし）城、烏（からす）城
築城年	文亀4年［永正元年］（1504）
築城者	小笠原長棟（おがさわらながむね）、石川数正・康長
主な城主	小笠原氏、石川氏、松平氏、堀田氏、水野氏、松平［戸田］氏
現存遺構	天守、石垣、土塁、堀、二の丸土蔵
復元遺構	黒門、太鼓門

アクセス　松本駅から徒歩20分

関連史跡施設　旧青柳家

安曇野市堀金にある青柳家の薬医門は、松本城の大手門を移築したものだという説がある。廃藩置県のあった明治4年（1871）に城郭の解体が始まった松本城。明治35年（1902）に大名町から移った際に大手門が払い下げられた。門の現在の所有者である青柳家に伝わる明治37年（1904）9月23日付の古文書の文面や建築様式、戸田家家紋入瓦等から、松本城大手門の薬医門である可能性が高いといわれ、現在では安曇野市の市有形文化財に指定される。

まだある名城　林城（長野県松本市里山辺）大城と小城からなる。信濃の雄・小笠原家が拠点とした山城。

松代城 まつしろじょう

長野県長野市松代町松代10

川中島の戦いの拠点が近代城郭に発展

|見学30分|駅から1時間以内|天守なし|無料|平城|

主な史実 第四次川中島の戦い（1561）

関連史跡施設　文武学校

松代藩八代藩主・幸貫が計画し、九代・幸教の時代に完成。藩士の子弟が学問と武道を学ぶ場として安政2年（1855）に開校し、先進的な教育が行なわれていた。

必見!!
本丸最大規模の櫓門
本丸南側の大手には本丸で最も大きな太鼓門があり、内堀に太鼓門前橋が架かっている。

「貝のように閉じた〝開かずの門〟」

必見!!
虎口形式の北不明（きたあかず）門
本丸戌亥隅櫓台から二ノ丸からの入口となる北不明門を望む。石垣を曲げ視界を遮断。石垣上には多門櫓や塀なども設けられていたと考えられる。

城DATA
別名	海津城、貝津城、茅津（かやつ）城、長野城
築城年	永禄3年（1560）
築城者	武田信玄
主な城主	武田氏、田丸氏、森氏、真田氏
現存遺構	石垣、土塁、堀
復元遺構	太鼓門、堀、石垣、土塁

アクセス 長野駅からバス30分、徒歩5分

上田城 うえだじょう

長野県上田市二の丸4-6

全国にその名を轟かせた真田一族の本拠

|見学2時間|駅から10分以内|天守なし|有料300円|平城|

主な史実 上田城の戦い（1585・1600）

関連史跡施設　安楽寺

全国でひとつしかないといい、国宝にも指定されている八角三重塔が境内の奥に建っている。真田幸村が上田城から別所温泉に行く際の宿として使用していた。

「草萌える〝兵どもが夢の跡〟」

必見!!
江戸期から残る西櫓
寛永年間（1624～1645）に仙石氏によって築造。江戸時代から現存する唯一の建物で、入母屋造り本瓦葺き、横板張りの上に塗籠という寒冷地によく見られる建築スタイル。

必見!!
昌幸の形見 真田石
東虎口櫓門右側の石垣にある2.5m×3mの大石で、昌幸が築城時に据えたと伝わる。

城DATA
別名	尼ヶ淵（あまがふち）城、松尾城、伊勢崎城
築城年	天正11年（1583）
築城者	真田昌幸
主な城主	真田氏、仙石氏、松平氏
現存遺構	西櫓、南櫓、北櫓、石垣、土塁、堀、井戸
復元遺構	大手門、石垣

アクセス 上田駅から徒歩10分

まだある名城 荒砥城（長野県千曲市上山田）豪族・村上氏の支族である山田氏による築城と伝わる。本郭は標高590m。

| 見学2時間 | 駅から1時間以内 | 天守なし | 無料 | 山城 |

主な史実：葛尾城の戦い（1553）

葛尾城
かつらおじょう

長野県埴科郡坂城町

信玄の好敵手・村上義清の居城

覆いかぶさる圧巻の切岸

主郭北側の切岸 必見!!
二重堀切を越えた先にそびえる。突端部までの急勾配を、はうようにして登らなければ城は落とせない。当然、上から雨あられの攻撃にさらされることになるのは間違いない。

大堀切 必見!!
幅狭の尾根上に造られた城だけに、堀切が最重要。主郭北側に連なるうち、特に大きなものがこちら。

尾根上の石塁跡 必見!!
写真は城内側より。石を積み、前方から尾根伝いに攻め込んできた敵との高低差をより増している。

城DATA

別名	─
築城年	不明
築城者	村上氏
主な城主	村上氏、武田氏、上杉氏、森氏
現存遺構	堀切、石積、土塁
復元遺構	─

アクセス：坂城駅から車50分

関連史跡施設
村上義清墓所

北信濃の戦国大名で、葛尾城を拠点に信濃国内で最も勢力を有した村上義清。武田晴信（のちの信玄）の侵攻を2度撃退し、信玄に生涯初めての敗北を喫させた。元亀4年（1573）に越後根知城で病死。墓所は第三代坂木代官長谷川安左衛門利次が自ら施主となり、明暦3年（1657）には義清公供養のための墓碑「坂木府君正四位少将兼兵部小輔源朝臣村上義清公神位」を寄進によって設立。その後玉垣や石柱などが建てられ、平成8年（1996）に全面的改修が行われた。

まだある名城：砥石城（長野県上田市上野）東太郎山尾根に築かれた山城。石積も見られる。信玄の大敗戦「砥石崩れ」で著名。

小諸城 こもろじょう
長野県小諸市丁

川の浸食地形を利用した世にも珍しい穴城

| 見学 1時間 | 駅から 10分以内 | 天守 なし | 有料 500円 | 平山城 |

関連史跡施設
光岳寺（こうがくじ）
寛保2年（1742）に洪水により損壊した小諸城の高麗門形式足柄門。明治5年（1872）に北国街道沿いに位置する寺院の山門として移築されたものとなる。

必見!!
石垣と門が往時をしのばせる

慶長建築の大手門
慶長17年（1612）に仙石秀久（せんごくひでひさ）が築造した建物。入母屋造り2層瓦葺きの城門で、華美な装飾を省いた実戦的な構造になっている。重要文化財。

城DATA
別名	酔月（すいげつ）城、白鶴（はくつる）城、鍋蓋（なべぶた）城
築城年	天文23年（1554）
築城者	武田信玄
主な城主	武田氏、仙石氏、牧野氏など
現存遺構	大手門、三之門、天守台、石垣、空堀
復元遺構	―

アクセス　小諸駅から徒歩5分

必見!!
野面積みの天守台
ほかの石垣より大きい石を用いた野面積の天守台には、かつて3層の天守閣が建っていた。

高島城 たかしまじょう
長野県諏訪市高島

諏訪湖に浮かぶ日本三大湖城の一つ

| 見学 1時間 | 駅から 30分以内 | 復興天守 | 有料 300円 | 水城 |

関連史跡施設
温泉寺本堂
明治3年（1870）に起きた火災で本堂が焼失し、高島城の城内より能舞台を移築して本堂となった。能舞台自体は文政10年（1827）に建てられたもの。

必見!!
橋＆冠木門
本丸表門の冠木橋と冠木門。昭和45年（1970）復元の櫓門で、両脇の石垣上には武者溜がある。

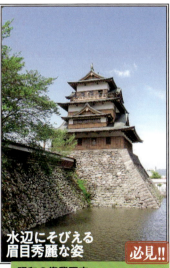

水辺にそびえる
眉目秀麗な姿
必見!!

昭和の復興天守
築城時の天守は望楼型3重5階の独立型。明治の廃城令で失われ、現在のものは昭和45年（1970）に再建されたRC造りで、元の建築と窓や屋根などがやや異なる。

城DATA
別名	諏訪（すわ）の浮城（うきしろ）、島崎城
築城年	天正20年［文禄元年］（1592）
築城者	日根野高吉
主な城主	日根野氏、諏訪氏
現存遺構	石垣、堀、門
復元遺構	天守、櫓、門、塀

アクセス　上諏訪駅から徒歩12分

まだある名城　埴原城（長野県松本市中山）信濃守護である小笠原氏が本拠とした大規模な山城。複雑怪奇な竪堀群は他に類を見ない。

| 見学1時間 | 駅から1時間以内 | 天守なし | 無料 | 平山城 |

主な史実 甲州征伐（1582）

高遠城
たかとおじょう

長野県伊那市高遠町東高遠

天下第一の"高遠小彼岸桜"で著名

必見!!
桜の名所 その名も「桜雲橋」
明治時代の廃城令のときに、旧藩士たちが桜を移植したことから、日本でも屈指の桜の名所として名高い高遠城。固有種のタカトオコヒガンザクラ約1500本が園内を埋め尽くす。二の丸から本丸へ続く桜雲橋周辺は特に見ごたえがある。

必見!!
移転復元の太鼓櫓
元は城内搦手門内にあり、時刻を知らせる太鼓を鳴らしていた。廃城令のときに、いったん、別の場所へ移築されたが、明治8年（1875）に戻された。現在の建物は昭和45年（1970）の建築。

信州きっての花見の名所

必見!!
城下から移築の問屋門
江戸時代、高遠城下の本町問屋役所にあった門を、昭和に入ってから地域の有志が買い取り、現在地に移築。桜の名所である桜雲橋から本丸への入口部分にあり、高遠城の景観のシンボル的な存在。

城DATA

別名	兜山（かぶとやま）城
築城年	不明
築城者	不明
主な城主	高遠氏、秋山氏、武田氏、仁科氏、下條氏、保科氏、毛利氏、京極氏、鳥居氏、内藤氏
現存遺構	石垣、土塁、空堀、門
復元遺構	

アクセス 伊那市駅からバス25分、徒歩20分

関連史跡施設
進徳館　藩校

第8代藩主・内藤頼直が、万延元年（1860）に高遠城の三の丸内の屋敷を文武場にして創設した高遠藩の藩校。文武両道をめざし、幼年部と中年部に分かれて和学、漢学、洋学、算法、柔術、兵学、弓術、馬術、槍術、砲術、算術などを教授した。明治4年（1872）の廃藩置県で廃止されるまで、500人もの生徒が学び、世に送り出されていったという。これが信州教育の原点のひとつともいわれ、昭和48年（1973）には国の史跡に指定されている。

まだある名城　上原城（長野県茅野市茅野上原）康正2年（1456）ごろの築城とされ、諏訪氏が居城としたが、武田氏に攻め落とされた。

| 見学30分 | 駅から30分以内 | 天守なし | 無料 | 山城 |

主な史実 甲州征伐(1582)

屹立する岩山上から富士も見晴らせる

岩殿城
いわどのじょう

山梨県大月市賑岡町畑倉

まさにこれこそが"天然の要害"。

必見!! 揚げ城戸
登山口からつづら折りになった急坂を延々と登って行くと、城の入り口となる揚げ城戸にたどり着く。この揚げ城戸は、岩盤を巧みに使った天然の切り通し。かつては上下に開閉する格子戸が置かれていたという。城戸の先には番所があり、入口を守っていた。

必見!! 登山道から見る一枚岩
標高634メートルの岩殿山は、一枚岩の岩盤が剥き出しになっている。麓や登山道から見上げると、その迫力がわかる。

必見!! 山頂からの富士山
山頂からは雲が晴れていれば富士山の眺望が見事だ。大月市選定の「秀麗富嶽十二景」にも選ばれている富士の遠景は、急坂をのぼってきた苦労が報われる。

城DATA

別名	岩殿山城
築城年	不明
築城者	小山田氏
主な城主	小山田氏
現存遺構	空堀、池
復元遺構	

アクセス 大月駅から徒歩15分

関連史跡施設
小山田信茂の墓

甲斐武田氏の家臣で譜代家老衆。永禄12年(1569)の小田原攻めで北条氏照勢を撃破するなどして地位を確立し、武田信玄から絶対的な信頼を得ていた。信玄の死後を勝頼が継ぎ、信茂は外交面でも活躍したが、織田勢の武田攻めの際に織田信長に寝返り、武田は滅亡への歩みを進める。織田信長から武田氏への不忠を咎められ、甲府善光寺にて武田左衛門佐・小山田八左衛門・小菅五郎兵衛とともに処刑。その場所に小山田信茂の墓が建てられている。

まだある名城 津久井城(神奈川県相模原市緑区根小谷) 津久井氏が築き、後に北条氏の城となる。宝ヶ池、堀切などが残っている。

勝山城 かつやまじょう

山梨県都留市川棚城山

小山田氏が築いた甲州南部の要

見学30分 / 駅から30分以内 / 天守なし / 無料 / 山城

関連史跡施設
富春寺（ふしゅんじ）
郡内領主・小山田出羽守富春の開祖の寺。境内には都留郡領主小山田氏菩提寺という石碑があり、小山田家の墓所が本堂の左脇に建っている。

連携プレーで敵を撃破 **必見!!**

三ノ丸＆脇の土塁
右奥が三ノ丸。写真の手前背後を登ると本丸。左下側から登ってくる敵を、土塁の影に身を隠しながら迎撃する。

城DATA
別名	―
築城年	天文元年(1532)、文禄3年(1594)
築城者	小山田信有?、浅野氏?
主な城主	小山田氏、浅野氏
現存遺構	堀切、土塁、石垣
復元遺構	

アクセス 谷村町駅から徒歩15分

必見!!
内堀
山麓から登ってくると、左手に現れる。ここからが城域。内部はやや藪化しているが落差はよくわかる。

新府城 しんぷじょう

山梨県韮崎市中田町

長篠の戦いに敗れた武田勝頼が築いた

見学1時間 / 駅から10分以内 / 天守なし / 無料 / 平山城

関連史跡施設
栖雲寺（せいうんじ）
「棲雲寺」とも。貞和4年(1348)、甲斐国主の武田信満が開基。勝頼は天正10年(1582)に新府城に火を放ち、この寺を目指すも寸前で自刃。

武田流築城術を体感できる **必見!!**

防御の要・三日月堀
武田氏の高い築城技術が見られるのが、外側の三日月形の空堀で、真正面からの侵入を防いだ三日月堀。左右に散らした敵を攻撃する防御力の高い構造。

城DATA
別名	韮崎（にらさき）城
築城年	天正10年(1582)
築城者	武田勝頼
主な城主	武田勝頼、徳川氏
現存遺構	土塁、堀
復元遺構	

アクセス 新府駅から徒歩10分

必見!!
側面の急峻な断崖
片側一面が、ほとんど垂直の断崖。こちらから攻め入るのはまず不可能だ。

まだある名城 御坂城（山梨県富士河口湖町河口・笛吹市御坂町）甲斐と駿河の関所としても機能した。標高はなんと1570mを越える。

| 見学1時間 | 駅から10分以内 | 天守なし | 無料 | 平山城 |

主な史実 甲府城御金蔵事件（1734）

甲府城
こうふじょう

山梨県甲府市丸の内1-5-4

豊臣時代に築かれ徳川時代に修築発展

天領の地にふさわしい威容

関連史跡施設
湯之奥（ゆのおく）金山博物館
中山金山、内山金山、茅小屋金山からなり、「信玄の隠し金山」として伝わる甲斐屈指の金山。中でも中山金山は戦国時代に活発に操業した。

必見!!

遊亀橋（ゆうきばし）から見た高石垣
城の南側の濠に架かる遊亀橋からは、城内の本丸にかけて2段になっている規模の大きな高石垣が一望できる。

城DATA
別名	甲斐府中城、舞鶴城、一条小山城
築城年	天正11年（1583）
築城者	浅野長政・行長
主な城主	浅野氏、徳川氏、柳沢氏
現存遺構	天守台、石垣、堀
復元遺構	稲荷櫓、鉄（くろがね）門、鍛冶曲輪門、山手門、内松陰門

アクセス 甲府駅から徒歩5分

必見!!

堂々たる天守台
小高い丘の上にある本丸には天守台が現存するが、天守については資料が残っていない。

| 見学2時間 | 駅から30分以内 | 天守なし | 無料 | 山城 |

要害山城
ようがいやまじょう

山梨県甲府市上積翠寺町

信玄生誕の地とも伝わる詰の城

関連史跡施設
武田神社
信玄の父・信虎が永正16年（1519）に石和から移した躑躅ヶ崎館跡に鎮座する、甲斐の国総鎮護。館には信虎、信玄、勝頼の武田三代が60年あまり居住した。

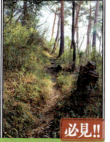

必見!!

ジグザグの堀底登城路
城に続く登山道はジグザグで、途中には大きな竪堀や曲輪、門跡も確認できる。

武田氏の知られざる険しき山城

必見!!

石積みが残る堀切
高い土塁に囲まれた長方形の主郭の背面には、石積みが残る珍しい堀切がある。堀切を多用することで少人数での敵の侵入を阻止していた。

城DATA
別名	要害城、積翠山（せきすいやま）城、石水寺（せきすいじ）城、丸山の城
築城年	慶長5年（1600）
築城者	武田信虎
主な城主	武田氏、徳川氏、加藤光泰
現存遺構	空堀、石垣、土塁
復元遺構	—

アクセス 甲府駅からバス15分、徒歩15分

まだある名城 獅子吼城（山梨県北杜市須玉町江草）おびただしい数の石塁を用いて築かれた、質実剛健なる山城。

見学2時間 | 駅から30分以内 | 天守なし | 無料 | 山城

主な史実 小田原征伐（1590）

山中城
やまなかじょう

静岡県三島市山中新田

豊臣方に抗戦するも半日で落城した悲劇の城

敵の動きを封鎖する障子堀

必見!!
障子堀（単列）
山中城の特徴とも言える障子堀。大規模な工事を経て復元されたが、当時は更に深かったといわれる。急峻な尾根地形を取り入れた無数の堀は、侵入を試みる敵を分断し、戦意を挫く、鉄壁の防御施設だ。粘土質で滑りやすいという地質も、堀を登りにくくした。

必見!!
二の丸の架け橋と虎口
東西に延びる尾根を切って作られた二の丸には、堀の間に橋がかかっている。渡った先の虎口はきれいな食い違い形状になっており、侵入を防ぐ工夫が見られる。

必見!!
障子堀（複列）
西の丸の障子堀は、幾何学的な美しさを備える。障子の桟のような複雑な格子は攻め込む動きを制限した。山城では珍しく、一部は用水池を兼ねた水堀だったようだ。

城DATA

別名	―
築城年	永禄年間（1558〜1570）
築城者	小田原北条氏
主な城主	小田原北条氏
現存遺構	障子堀、畝堀、土塁
復元遺構	西櫓、元西櫓

アクセス 三島駅からバス30分

―― 関連史跡施設 ――
宗閑寺（そうかんじ）

山中城三の丸跡に建つ、浄土宗の寺院。山中城は天正18年（1590）に豊臣秀吉が行った「小田原征伐」で激戦が繰り広げられた。境内には合戦で戦死した城主松田康長、副将間宮康俊、豊臣方の重臣一柳直末ら、敵味方の武将の墓が並んでいる。間宮康俊の娘で、落城後に徳川家康に仕えて四女松姫をもうけたお久の方の遺志を受けて開山、元和6年（1620）に建立された。宗閑は間宮康俊の法名。明治時代に、一柳直末の子孫が墓を整備し直した。

まだある名城 長浜城（静岡県沼津市内浦長浜）室町時代に北条氏が築城。内浦湾を望む丘に位置し、水軍拠点として使用された。

見学1時間／駅から30分以内／天守なし／無料／平山城

主な史実 小田原征伐（1590）

韮山城（にらやまじょう）
静岡県伊豆の国市韮山

激しい攻防戦で歴史にその名を刻む

北条五代の祖・早雲の最後の拠点

関連史跡施設　願成就院（がんじょうじゅいん）
源頼朝旗揚げの地。建立は北条政子の父・北条時政。小田原北条氏の祖・北条早雲（伊勢宗瑞）に滅ぼされた、足利茶々丸の菩提寺でもある。

必見!!　堀の機能も担う城池
韮山城のふところにある周囲1km、城池の対岸から城までは約60mもある巨大な城池。堀の機能も担っていた。池越しには城址を臨むことができる。

城DATA
別名	龍城
築城年	明応9年（1500）頃
築城者	外山豊前守、北条早雲
主な城主	北条早雲、北条氏規（うじ／ちか）、内藤信成
現存遺構	土塁、堀
復元遺構	—

アクセス 韮山駅から徒歩20分

必見!!　3つの堀切が連続する
城池から天ヶ岳砦の途中にある巨大な堀切は、尾根伝いに来る敵の攻撃を防いでいた。

見学1時間／駅から30分以内／天守なし／無料／平城

主な史実

駿府城（すんぷじょう）
静岡県静岡市葵区

「大御所」と呼ばれた徳川家康の隠居城

戦いへの備えも万全

関連史跡施設　静岡浅間神社
徳川家康が弘治元年（1555）に元服式を行った神社。慶長12年（1607）には、天下泰平・五穀豊穣を祈願して稚児舞楽を奉納するなど、徳川家から庇護された。

必見!!　復元された二ノ丸御門と巽櫓
二ノ丸の東南に位置する東御門と巽櫓は寛永12年（1635）に焼失したが、3年後に再建。しかし、安政大地震で全壊し、現在は復元して公開されている。

城DATA
別名	府中城、静岡城
築城年	天正13年（1585）
築城者	徳川家康
主な城主	徳川氏
現存遺構	石垣、堀
復元遺構	巽櫓、二ノ丸東御門、坤（ひつじさる）櫓

アクセス 静岡駅から徒歩15分

必見!!　家康公が植樹したみかん
徳川家康が植樹したと伝わる県指定天然記念物「家康手植の蜜柑」が、公園内に植えられている。

まだある名城 花倉城（静岡県藤枝市花倉）標高297mの山頂に位置する今川氏の山城。跡目を争った天文5年（1536）の花倉の乱の舞台。

| 見学1時間 | 駅から1時間以内 | 天守なし | 無料 | 山城 |

主な史実　高天神城の戦い（1574・1581）

高天神城
たかてんじんじょう

静岡県掛川市上土方嶺向

徳川VS武田の争奪戦が繰り広げられた

両側が断崖絶壁の細く険しい道

必見!!
甚五郎抜け道と呼ばれる難所が今も残る

尾根続きの険路「犬戻り猿戻り」。難攻不落の名城といわれた高天神城だが、徳川と武田の攻防戦の末に落城。そこで、守勢であった武田軍の軍監・横田甚五郎尹松（よこたじんごろうただとし）が本国に落城の報告をするために通り、「甚五郎抜け道」ともいわれている。

必見!!
100mを超す長大な横堀

北に向かう峰が弱点だった高天神城は、西側城域の堂の尾曲輪から井楼曲輪にかけて、100m以上も続く横堀が築かれている。堀には畝が付いており、敵を防御するための工夫を見ることができる。

必見!!
大河内幽閉の石風呂[石窟]

天正2年（1574）、武田氏が高天神城を攻略。徳川家臣・大河内政局（まさちか）が以後8年間、幽閉されていた。本丸北側の崖下にある。

城DATA

別名	鶴舞城
築城年	16世紀初頭
築城者	不明
主な城主	福島氏、小笠原氏、岡部氏
現存遺構	土塁、土橋、堀切、横堀、井戸
復元遺構	

アクセス　掛川駅からバス20分、徒歩15分

関連史跡施設
本覚寺

日蓮上人の弟子・日位上人が延慶元年（1308）に創立した寺院で市内でも有数の古刹である。境内には鎌倉時代の本堂や金毘羅宮、南北朝時代の本仏堂が見られる。本仏堂には釈迦牟尼如来の本尊が祀られている。墓地には城主・岡部元信や今川氏重臣の孕石主水、侠客で名高い安東の文吉などのお墓がある。元首相・石橋湛山の実父が明治から大正にかけての約30年間、当寺で住職をしていたこともあり、少年時代をここで過ごしていた。

まだある名城　小笠山砦（静岡県掛川市入山瀬）徳川家康が高天神城を攻めるために築いた陣城。今にも崩れそうな細尾根や断崖が見もの。

| 見学1時間 | 駅から10分以内 | 復元天守 | 有料410円 | 平山城 |

主な史実 ▶ 掛川城の戦い（1568）

掛川城 かけがわじょう

静岡県掛川市掛川1138-24

山内一豊が大規模改修した東海の名城

掛川のシンボリックな存在

本格木造の復元天守 必見!!
慶長9年（1604）に地震で大破し、元和7年（1621）に再建するも、再び地震で倒壊。その後、平成6年（1994）に、日本初の木造復元天守が再建された。建設費11億円のうち、9億6000万円は市民や地元企業からの募金。

時刻を知らせる太鼓櫓 必見!!
現在の建物は、嘉永7年（1854）の大地震後に建てられ、何回かの移転の末、昭和30年（1955）に三の丸から移築された。大太鼓は掛川城御殿の広間に展示。

井戸が守った城 必見!!
永禄11年（1568）に今川氏真は、東から武田信玄、西から徳川家康に攻められ、掛川城に立て籠った。徳川軍が攻撃を仕掛けた際、井戸から吹き出した霧が城を包み攻撃から守ったという。

城DATA

別名	懸川城、懸河城、雲霧（くもきり）城、松尾城
築城年	永正9年（1512）、天正18年（1590）
築城者	朝比奈泰煕（あさひなやすひろ）・泰能（やすよし）、山内一豊
主な城主	朝比奈氏、山内氏、松平〔久松〕氏、青山氏、松平〔桜井〕氏、本多氏、松平〔藤井〕氏、北条氏、井伊氏、小笠原氏、太田氏
現存遺構	二の丸御殿、石垣、土塁、堀
復元遺構	天守、太鼓櫓、四足門

アクセス ▶ 掛川駅から徒歩7分

関連史跡施設
油山寺（ゆさんじ）山門
もともとは掛川城大手二の門で、万治2年（1659）に井伊直好が建立した。入母屋造に本瓦葺の門で、大棟の両端に鯱一対が乗っている。歴代掛川城主の信仰は厚かったという。明治5年（1872）の廃城の際に藩主・太田氏から寄進され、移築されたといわれる。油山寺は約1300年前に行基の開山と伝わる古刹。桃山の三名塔として知られる三重塔は、源頼朝が眼病全快の礼に建立したもの。その後、遠江国守護・工藤祐経が薬師堂とともに普請奉行したという。

まだある名城 ▶ 横須賀城（静岡県掛川市横須賀）高天神攻めの拠点として徳川家康が大須賀康高に造らせた。天正6年（1578）の築城。

| 見学1時間 | 駅から10分以内 | 天守なし | 無料 | 平山城 |

主な史実　二俣城の戦い(1572)

二俣城（ふたまたじょう）
静岡県浜松市天竜区二俣町二俣

武田軍と徳川軍の激戦の最前線

関連史跡施設
清龍寺（せいりゅうじ）
徳川家康の長男で二俣城主だった信康の墓がある。信康は信長に謀反の疑いをかけられ、二俣城で切腹。信康の供養のために家康が建立した。

ワイルドな野面積の天守台

必見!!

本丸西側の天守台
巨石を多く利用して組まれた野面積。完成時期は不明だが、松平信康の城主時代ではなく、その後の大久保忠世か、堀尾宗光時代との説が有力。

必見!!

二の曲輪の虎口
崖沿いを登ってきた道は、ここで直角に右折。虎口上の石垣からは登城道を遠くまで見渡せる。

城DATA
別名	蜷原城
築城年	南北朝時代？
築城者	不明
主な城主	松井氏、中根氏、依田氏、大久保氏、堀尾氏
現存遺構	天守台、石垣、土塁、空堀、土橋
復元遺構	井戸櫓

アクセス　二俣本町駅から徒歩10分

| 見学1時間 | 駅から1時間以上 | 天守なし | 無料 | 山城 |

主な史実　犬居城の戦い(1573)

犬居城（いぬいじょう）
静岡県浜松市天竜区春野町犬居

標高255mの細尾根を巧みに活かす

関連史跡施設
瑞雲院（ずいうんいん）
寺紋は徳川本家と同じ三つ葉葵。曹洞宗北遠三寺のひとつ。犬居城主・天野家の菩提寺で、江戸時代初期には38ヶ寺もの末寺を有していた。

曲輪の周囲を巡る空堀

必見!!

東曲輪前の空堀
尾根の先端、急に落差がある真下の部分に空堀を巡らせてある。わずかだが土を盛って土塁上にもなっており、自然地形と人口造形を組み合わせた山城らしい構造。

必見!!

井戸曲輪
主要部から離れた、北側の谷へ下がった位置にある。わずかだが今でも水が湧いている。

城DATA
別名	城山、乾城、鐘掛城
築城年	南北朝時代？
築城者	天野氏
主な城主	天野氏
現存遺構	土塁、堀切、横堀、竪堀、土橋
復元遺構	

アクセス　西鹿島駅からバス50分、徒歩30分

まだある名城　三岳城（静岡県浜松市北区引佐町）東西南北それぞれに支城が置かれた、井伊氏の本城。土塁、空堀、枡形などが残る。

| 見学1時間 | 駅から30分以内 | 模擬天守 | 有料200円 | 平山城 |

主な史実 三方ヶ原の戦い（1572）

浜松城 はままつじょう
静岡県浜松市中区元城町

家康を筆頭に数々の名君を輩出した

城主が出世する縁起の良い城

関連史跡施設 元城町東照宮
徳川家康が、浜松城を現在の場所に築くまでの期間に生活していた引間城の跡に創建された。境内には壮年の家康と少年の秀吉像が立つ。

必見!!

存在が未だ曖昧な天守
江戸時代に描かれた絵図には存在していないため、昭和33年（1958）に鉄筋コンクリートで再建されたものは、模擬天守とも復興天守とも呼ばれている。

城DATA
別名	曳馬（ひくま）城、出世城
築城年	永正年間（1504〜1521）
築城者	今川貞相？
主な城主	飯尾氏、松平氏、堀尾氏、井上氏、水野氏
現存遺構	石垣
復元遺構	天守、櫓門

アクセス 浜松駅からバス5分、徒歩6分

必見!!

天守門が天守の代用
天守台の東に位置する櫓門（やぐらもん）。19世紀の絵図などをもとに、平成26年（2014）に復元。

| 見学1時間 | 駅から10分以内 | 天守なし | 無料 | 平城 |

主な史実 長篠の戦い（1575）

長篠城 ながしのじょう
愛知県新城市長篠市場22-1

長篠の戦いの前哨戦が行われた

急流&断崖で鉄壁の守り

関連史跡施設 長篠古戦場
武田軍と織田・徳川軍の激戦地となった長篠・設楽一帯には、当時の名残が今も残る。織田・徳川軍の鉄砲と馬防柵を駆使した戦法に武田軍が大敗。

必見!!

二又の川が天然の要害
南側からの全景。豊川と宇連川の分岐点で、鋭く削られた崖で、敵を寄せ付けない。

城DATA
別名	末広城、扇城
築城年	永正5年（1508）
築城者	菅沼元成
主な城主	菅沼氏、奥平氏
現存遺構	空堀、石垣
復元遺構	馬防柵、土塁

アクセス 長篠城駅から徒歩8分

必見!!

V字に切れ込んだ内堀
高低差と急勾配が圧巻。折れの張出し部からは、堀を抜ける敵兵を狙い放題。

まだある名城 吉田城（愛知県豊橋市今橋町）江戸時代を通じて譜代大名が城主を務めた要地。土塁、空堀、石垣の遺構が点在。

| 見学2時間 | 駅から1時間以内 | 天守なし | 無料 | 山城 |

丸子城
まりこじょう

静岡県静岡市駿河区丸子

馬出や横堀など土の城の真髄ここにあり

絵に描いたような〝ザ・馬出〟

必見!!

空堀＆丸馬出（まるうまだし）
本丸の西側に、極めて良好な状態で残っている。落差のある空堀を従え、独立した小山のようになった馬出は、いわば城内の出城といった位置づけだったと思われる。本丸と連携して、攻め手に対して臨機応変の戦いができる。

必見!!

大手口の三日月堀
尾根先端部は幅が狭まるため、それだけでも攻めづらいが、半円形状の空堀を組み合わせることで、さらに防御力を増している。

必見!!

本丸・二ノ丸間の堀切
山上の約200mにわたって曲輪が連なり、その間は堀切で区切られている。本丸・二ノ丸間のものが最も深い。西側の横堀川からも見上げておきたい。

城DATA

別名	鞠子（まりこ）城、宇津谷城、三角城、赤目ヶ谷砦
築城年	不明
築城者	斎藤安元
主な城主	斎藤氏、山県（やまがた）昌景氏、屋代勝永
現存遺構	土塁、三日月堀、堀切、横堀、竪堀、馬出
復元遺構	

アクセス 静岡駅からバス25分、徒歩10分

関連史跡施設
つたの細道

平安時代から室町時代後期まで長きに渡って使用されたとされる、古代の官道。現在の藤枝市岡部町と静岡市宇津ノ谷の境にある、宇津ノ谷峠を越える道を指す。今川氏の被官だった斎藤安元が築城し、駿府府中の西の入口を守る城として重視された丸子城が現役だった時代に、東海道の峠道として利用された。江戸時代の石碑・蘿径碑によって、幻とされたつたの細道の存在が明らかになった。石碑は現在、坂下地蔵尊の境内の中にある。

まだある名城 諏訪原城（静岡県島田市金谷）高天神城攻めの拠点のひとつとなった。武田信玄が砦を築き、馬場信春が発展させた。

| 見学1時間 | 駅から30分以内 | 復興天守 | 有料200円 | 平山城 |

岡崎城
おかざきじょう

天下人・徳川家康が生まれた地

愛知県岡崎市康生町

江戸中期の絵図を元に復元

必見!! 青空にモノトーンが映える天守
家康の関東移封後に城主となった田中吉政によって造られた。元和3年（1617）に本多康紀が複合式望楼型天守を築くが、後に解体。昭和34年（1959）に鉄筋コンクリートの3層5階で付櫓、井戸櫓とともに再建された。

必見!! 石垣造りの珍しい清海堀
大きくわん曲した堀は、創築者・西郷頼嗣[清海（せいかい）入道]の名がつく。堀の外周面が石垣造。

必見!! 家康公ゆかりの井戸
岡崎城の裏手にある、天文11年（1542）12月26日に徳川家康が岡崎城内で誕生した際に、この井戸の水を汲み、産湯に使ったとされる東照公産湯の井戸。現在も、毎分5リットルの水が湧いている。

城DATA

別名	竜城
築城年	康正元年（1455）頃、天正18年（1590）
築城者	西郷稠頼・頼嗣（つぎより・よりつぐ）、田中吉政
主な城主	西郷氏、松平氏、田中氏、本多氏、水野氏、松平[松井]氏
現存遺構	石垣、堀、本丸埋門、青海堀、井戸
復元遺構	天守、大手門、東隅櫓

アクセス 東岡崎駅から徒歩15分

関連史跡施設
宿縁寺（じゅくえんじ）

薬医門は岡崎城北門（二ノ門）から明治6年（1873）の廃城の際に譲り受けたもの。江戸時代初期の建築と考えられる。応仁2年（1468）、蓮如上人がこの地に訪れた際、当時の住職が蓮如上人に感服し、本願寺へと転派する。境内には蓮如像や手水は聖徳太子の智慧之泉などがある。境内左手の露盤宝珠（ろばんほうしゅ）の像は、もとは西浅井白山神社・薬師如来佛殿にあったもの。春になればシダレザクラが咲き、寺院を桜色に染める。

まだある名城 足助城（愛知県豊田市足助町）足助鈴木氏の城で、別名真弓城とも。現在は復元された櫓を見られる。

[見学2時間] [駅から10分以内] [復元天守] [有料500円] [平城]

名古屋城
なごやじょう
愛知県名古屋市中区本丸

広大な城域をもつ徳川御三家の居城

戦前まで現存だった美麗な大天守

必見!! 金鯱が乗った大天守
慶長17年（1612）に大天守が完成。層塔型で5重5階、地下1階の大天守は、高さは55.6m、天守台19.5m、建屋36.1mを誇り、延べ床面積では4424.5㎡と史上最大級の規模。なお、金鯱には慶長小判で1万7975両分（金量約270kg）の金が使用された。

必見!! 重要文化財の櫓
名古屋城の北西隅にある戌亥隅櫓（いぬいすみやぐら）[西北隅櫓]は、かつて織田信長の居城であった清洲城[清須城]天守または小天守を移築したものと伝えられているため、清洲櫓とも称されていた。

必見!! 本丸御殿内観
国宝に指定され、京都二条城の二の丸御殿と並ぶ、武家風書院造りの双璧といわれていたものを復元。きらびやかな意匠の数々は、見る者を魅了する。

城DATA

別名	蓬左（ほうさ）城、楊柳（ようりゅう）城、鍋が城、金鱗（きんりん）城、亀屋城、鶴が城、金城、金鯱城
築城年	慶長15年（1610）
築城者	徳川家康
主な城主	徳川氏
現存遺構	東南隅櫓、西南隅櫓、西北隅櫓、表二之門、旧二之丸東二之門、二之丸大手二之門、石垣、堀
復元遺構	大天守、小天守、正門

アクセス 地下鉄市役所駅から徒歩5分

関連史跡施設
泰岳寺（たいがくじ）山門

15代住職・雍山宗粛のときに名古屋城三の丸赤門を貰い受けたといわれている。現在も残っている泰岳寺の建築物の中では古いもののひとつ。山門の西側には、泰岳寺で唯一の桜の木もある。住職になるための儀式・晋山式などでは、この門で一句を唱えてから入寺するという。宗派の臨済宗は武家に好まれたため、京都や鎌倉に多くの寺院が建立された。名古屋を中心とした尾張地域でも、織田家や徳川家に関係のある格式の高い寺院も多いという。

またある名城 小牧山城（愛知県小牧市堀の内）永禄6年（1563）に美濃攻めの拠点として織田信長が築いた。曲輪や石塁、復元天守あり。

| 見学1時間 | 駅から30分以内 | 現存天守 | 有料550円 | 平山城 |

主な史実 小牧・長久手の戦い(1584)

犬山城
いぬやまじょう

愛知県犬山市犬山北古券65-2

国宝指定の天守は長らく個人所有だった

関連史跡施設
臨渓院（りんけいいん）
寛永9年（1632）、犬山城主・成瀬正虎が成瀬家菩提寺とした。境内東南の高台に、犬山城初代城主の成瀬正成をはじめ、成瀬氏四代の墓碑がある。

川べりの小山に天守がそびえる 必見!!

城を守る附櫓と石垣
天守の入口を守るための附櫓と、石落としが付いた石垣で敵を防備した。

城DATA
別名	白帝（はくてい）城
築城年	天文6年（1537）
築城者	織田信康
主な城主	織田氏、小笠原氏、成瀬氏
現存遺構	天守、石垣、土塁
復元遺構	—

アクセス 犬山遊園駅から徒歩15分

木曽川の絶壁上に建つ
標高88mの木曽川沿いの絶壁にそびえる犬山城は、攻め入ることが困難なことから「後堅固（うしろけんご）の城」とも呼ばれている。天守は3層4階、地下に2階が付けられている。

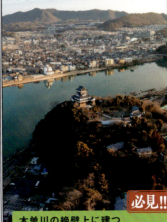

必見!!

| 見学2時間 | 駅から30分以内 | 復興天守 | 有料200円 | 山城 |

主な史実 加納口の戦い(1547)／稲葉山城の戦い(1567)／岐阜城の戦い(1600)

岐阜城
ぎふじょう

岐阜県岐阜市金華山

信長はここで"天下布武"を唱えた

関連史跡施設
織田信長公居館跡
織田信長が館を構えた地で、斎藤氏の時代に造られ、信長が大規模改修を行ったとされる。ポルトガル宣教師のルイス・フロイスは館を「宮殿」と称した。

濃尾平野を一望できる絶景 必見!!

長良川を睥睨する天守
標高329mの金華山は、日本アルプスや伊吹・鈴鹿の山々、南は濃尾平野から伊勢湾までを見渡す要衝にあり、美濃を制する者は天下を制するといわれた。

城DATA
別名	稲葉山（いなばやま）城、金華山城、井口城
築城年	正治3年［建仁元年］（1201）
築城者	二階堂行政
主な城主	斎藤氏、織田氏
現存遺構	石垣、土塁、堀切
復元遺構	天守

アクセス 岐阜駅からバス15分、徒歩3分

上台所・天守台間の石垣
元々は2つの峰の間だった部分を、膨大な石垣で埋めて、切岸のような形状を造り出している。

必見!!

まだある名城 加納城（岐阜県岐阜市加納丸の内）斎藤利長が築くも、天文7年（1538）に一度廃される。復興後は加納藩主の居城に。

主な史実 関ヶ原の戦い（1600）

大垣城
おおがきじょう
岐阜県大垣市郭町2-52

関ヶ原の戦いでは西軍の最重要拠点に

青空に映える白き天守

関連史跡施設
平林荘跡（天理教本眞愛分教会）
江戸時代後期の蘭方医で植物学者の飯沼欲斎が晩年を送った場所。明治維新の折、大垣城の清水口御門を移築し、正門にしたと伝えられている。

必見!!

再建された天守
明治の廃城令を免れた国宝の現存天守が大垣空襲で焼失、昭和34年（1959）に外観復元RC造りの天守を再建。平成22年（2010）の改修工事で元の姿により近くなった。

必見!!

城内で移築された東門
昭和34年（1959）に天守を再建した際、柳口門を城内で移築。

城DATA
別名	巨鹿（きょろく）城、麋城（びじょう）
築城年	明応9年（1500）
築城者	竹腰尚綱
主な城主	竹腰氏、氏家氏、伊藤氏、岡部氏、松平氏、戸田氏
現存遺構	石垣
復元遺構	天守、乾櫓、艮櫓、柳口門

アクセス 大垣駅から徒歩7分

見学1時間 **駅から30分以内** **天守なし** **無料** **山城**

主な史実 明智城の戦い（1556）

明智城
あけちじょう
岐阜県可児市瀬田長山

コンパクトながら土の城の魅力あふれる

鋭い堀切が城を守る

関連史跡施設
龍護寺（りゅうごじ）
本道西側には明智遠山家累代の墓と遠山家歴代の墓が並んでいる。境内には、明智光秀の供養塔と伝わる碑が建立されていることでも知られる。

必見!!

大堀切＆出丸
本丸から段々になった曲輪を下ってゆくと、最後に目の前に現れる。ズバッと切り込まれている様は圧巻。転げ落ちたらひとたまりもない。

必見!!

畝状竪堀＆土塁
側面の細い道を守るように、土塁が築かれている。ところどころ途切れ、竪堀が設けられている。

城DATA
別名	長山城、明智長山城
築城年	興国3年［康永元年］（1342）
築城者	明智頼兼？
主な城主	明智氏
現存遺構	—
復元遺構	—

アクセス 明智駅から徒歩15分

まだある名城 松尾山（岐阜県関ヶ原町）関ヶ原の戦いの際、小早川秀秋が陣を設けた場所。土塁や空堀などの跡が残存。

| 見学2時間 | 駅から1時間以内 | 天守なし | 無料 | 山城 |

主な史実 苗木城の戦い（1573・1574・1582・1583）

苗木城
なえぎじょう

山頂の巨岩に天守が築かれていた

岐阜県中津川市苗木

せり出す巨岩が夕日に映える

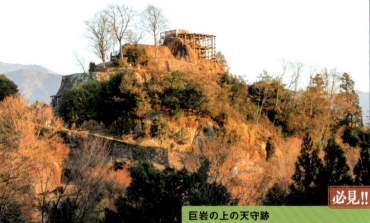

必見!!
巨岩の上の天守跡
木曽川右岸にそびえる標高432mの城山に築かれていた苗木城。恵那山や木曽川の流れを一望する山頂部の巨岩の上に、現在は展望台が設けられているが、「懸（かけ）造り」で造られていた往時の天守も、石をまたぐように建てられていたという。

必見!!
石垣のみ残る大矢倉
17世紀頃に建てられたとされる苗木城で最大の建物。2重3階で、1階は3方を石垣で覆い、2階、3階には矢狭間が造られていた。自然石の巨岩を基礎として、その上に石組を重ねる特殊な工法。

必見!!
礎石に見る武器庫の姿
天守の1段下に位置する長さ8間、奥行3間の土蔵。八間蔵と呼ばれ、鉄砲や弓等武器類が納められていた。一部建物の土台が崩壊しているが、礎石や縁石は往時のまま残されている。

城DATA

別名	霞ヶ城、赤壁城、高森城
築城年	天文年間（1532～1555）
築城者	遠山正廉
主な城主	遠山氏、森氏、川尻氏
現存遺構	石垣、堀、井戸
復元遺構	

アクセス 中津川駅からバス30分、徒歩20分

関連史跡施設
苗木遠山史料館

苗木遠山家の資料を中心に、初代藩主友政から12代友禄に渡る、中世・戦国時代から明治時代初期までの苗木領の歴史的文化遺産を保存、公開している史料館。常設展示では苗木または遠山氏による苗木領の支配、領主の生活などを紹介。苗木城の復元模型や遠山家伝来の甲冑、武田信玄書状などがある。課題展示室では幕末から明治に苗木藩で行われた神葬改宗、廃仏毀釈（はいぶつきしゃく）に関する展示も行っている。特別展示も随時行われている。

まだある名城 木曽福島城（長野県木曽町福島城山）武田氏に従った木曽氏の居城。コンパクトな中に土塁や堀切などがまとまる。

|見学2時間|駅から1時間以内|天守なし|無料|山城|

主な史実　岩村城の戦い(1572・1575)、小牧・長久手の戦い(1584)

岩村城 いわむらじょう

岐阜県恵那市岩村町城山

六段壁に象徴される石垣技術の宝庫

直下から見上げると圧巻

必見!!

虎口を守る六段壁
本丸の北東面、虎口に築かれている大規模な石垣。築城当初は、最上部のみの高石垣だったが、崩落を防ぐため、前面に補強壁を積むことが何度も繰り返され、結果的に6段重なって見える雛壇状の現在の姿になったという。

必見!!

畳橋
かつてこの場所、写真手前から奥の石垣上へ、吊り上げ式の橋がかけられていたという。有事の際には橋を上げることで、極めて重要な防御拠点となったいた。

必見!!

本丸埋門
右手奥の石垣に段差がある部分に門が隠されていた。侵入者を側面から攻撃可能だ。

城DATA

別名	霧ヶ城
築城年	文治元年(1185)、永正年間(1504〜21)、天正3年〜慶長20年(1575〜1615)
築城者	加藤景廉、遠山氏、各務(かがみ)兵庫、松平家乗(いえのり)
主な城主	遠山氏、森氏、松平[大給(おぎゅう)]氏、丹羽氏
現存遺構	石垣、井戸
復元遺構	

アクセス　岩村駅から徒歩40分

関連史跡施設
岩村醸造

戦国時代に武田氏と織田氏の間で、岩村城は激しい争奪戦となっていた。もともとは岩村城は武田領だったが、織田信長は甲斐への入口として注目。岐阜城を手に入れた後に遠山氏と同盟を結び、遠山景任に自分の叔母であり岩村城を治めていた「おつやの方」を嫁がせた。おつやの方は、戦国時代でも極めて珍しい女城主として城下を治めていたことで知られている。地元の岩村醸造ではこれにちなみ「女城主」という名の日本酒を販売している。

まだある名城　妻木城(岐阜県土岐市妻木町)　土岐氏の築城とされる。石垣跡や土塁のほか、城域に巨石が転がる石切場もある。

| 見学1時間 | 駅から30分以内 | 模擬天守 | 有料310円 | 山城 |

郡上八幡城 ぐじょうはちまんじょう

岐阜県郡上市八幡町柳町一の平659

司馬遼太郎もその美しさを褒め称えた

秋の紅葉も素晴らしい美の城

関連史跡施設
やなか水のこみち
町名にちなみ約8万個の玉石が敷き詰められた道と水路がある。柳の並木や家屋敷が立ち並び、こみちの両側には趣のある美術館が立ち並ぶ。

必見!!

美麗な白亜の天守
八幡山の頂に建つ4層5階の白亜の天守は、昭和8年（1933）に大垣城を参考に建てられた全国でも珍しい木造模擬天守。現存する木造再建城としては日本最古。

城DATA
別名	積翠（せきすい）城、郡城、虞城（ぐじょう）
築城年	永禄2年（1559）
築城者	遠藤盛数
主な城主	遠藤氏、稲葉氏、井上氏、青山氏
現存遺構	石垣
復元遺構	天守

必見!!

登城者を迎える正門
石垣と土塀に挟まれた石段を登った先に現れる。ややローアングルから天守を狙うのもいい。

アクセス 郡上八幡駅から車15分

| 見学1時間 | 駅から30分以内 | 天守なし | 無料 | 山城 |

主な史実 飛騨侵攻（1585）

松倉城 まつくらじょう

岐阜県高山市松倉町城山

飛騨の名家・姉小路家が本拠とした

関連史跡施設
林昌寺
飛騨国司であった姉小路家代々の菩提寺。山門は増島城の薬医門を移築したとされている。十王堂には仏誕2500年記念で描かれた地獄絵を鑑賞できる。

必見!!
山中に迫力の石垣が眠る

本丸石垣
周辺の平坦地から数メートルの落差を設けてある。本丸ぐるりが石垣造になっており、草木のない時期なら、三ノ丸方面からの眺めが絵になる。

城DATA
別名	夏城
築城年	天正7年（1579）
築城者	姉小路頼綱（よりつな）
主な城主	姉小路頼綱、金森長近
現存遺構	石垣、土塁、堀切
復元遺構	

必見!!

三ノ丸石垣
本丸よりはやや積み方が荒っぽく、一部崩壊の跡も見られるが、こちらも見事な総石垣。

アクセス 高山駅からバス10分、徒歩20分

まだある名城 帰雲城（岐阜県白川村保木脇）地震による山崩れで、城下町もろとも消えたとされる。埋蔵金伝説も囁かれている。

第4章 北陸の城 21

大規模山城が盛りだくさんのエリア。上杉謙信と織田信長（およびその北陸方面軍である柴田勝家、前田利家ら）の最前線であったことに加えて、一向一揆も暴れ回っていたため、どのエリアにも名城に事欠かない。

- 黒峰城……72
- 七尾城……73
- 金沢城……74
- 丸岡城……75
- 一乗谷城……74
- 杣山城……76
- 国吉城……79
- 高岡城……71
- 増山城……70
- 越前大野城……77
- 金ヶ崎城……77
- 小浜城……79
- 後瀬山城……78

見学1時間	駅から30分以内	復元天守	無料	平城

主な史実｜新発田重家の乱（1581〜1587）

新発田城
しばたじょう

遺構を用いた木造兵舎も必見

新潟県新発田市大手町6-4

三匹の鯱は敵を混乱させるため!?

必見!!
3匹の鯱を戴く三階櫓
本丸北西隅にあった3重3階の三階櫓は城内最大規模の建築で、実質的な天守の機能を有していた。最上階の屋根がT字型の入母屋造りという特殊な形状をしており、大棟に3尾の鯱が乗るきわめて珍しい様式。現在の建物は平成16年（2004）に復元。

必見!!
防備の堅い本丸表門
享保17年（1732）造営の重要文化財。石垣塁線から1間ほど奥に建てられ、両側の土塀から合横矢を射かけられるようになっている。櫓門前面には石落を設け、頭上からの攻撃も。内部見学可。

必見!!
帝国陸軍の白壁兵舎
明治7年（1874）に陸軍が建造、現存する木造兵舎としては日本最古。城郭破却令によって取り壊された新発田城の部材を再利用し、外壁が白い漆喰で塗られていることから白壁兵舎と呼ばれた。

城DATA

別名	菖蒲城、舟形城、浮舟城、狐尾曳ノ城
築城年	不明
築城者	新発田氏
主な城主	新発田氏、溝口氏
現存遺構	櫓、長屋、門、石垣、土塁、堀
復元遺構	三階櫓、辰巳櫓

アクセス 新発田駅から徒歩20分

関連史跡施設
清水谷御殿
万治元年（1658）、新発田藩三代目藩主・溝口宣直（みぞぐちのぶなお）が、元々曹洞宗の寺院があった場所に屋敷を構える。息子の四代目藩主・重雄（しげかつ）の代の時、幕府の茶道方の指導も受け、和風庭園を造営した。明治維新後は次第に荒廃していったが、昭和12年（1937）、復興計画が持ち上がる。20年弱の時を経て、昭和30年（1955）に復興が完了。現在は、史跡名勝・天然記念物にも指定されている。

まだある名城 護摩堂城（新潟県田上町田上護摩堂）平安または南北朝期の築城。蔀（しとみ）石塁など、戦国期のものと思われる遺構も。

村上城 むらかみじょう

新潟県村上市二之町

北からの敵を防ぐ下越地方の要

見学1時間 ／ 駅から10分以内 ／ 天守なし ／ 無料 ／ 平山城

主な史実 本庄繁長の乱（1568〜1569）

関連史跡施設
西奈弥（せなみ）羽黒神社

越後村上藩主・堀直寄（ほりなおより）が村上城を改築した際に、天守の上から神社を見下ろすのは恐れ多いと、1633（寛永10）年に現在の地に遷座した。

日本海の大海原を一望

必見!!

眺望に優れた天守台
本丸、天守台は標高135mの臥牛山の頂にあり、村上市内はもとより、日本海や佐渡島、遠く朝日・飯豊連峰の山々まで見渡すことができる。

城DATA
別名	舞鶴城、本庄城
築城年	不明
築城者	本庄氏、村上勝頼
主な城主	本庄氏、堀氏、内藤氏
現存遺構	石垣、堀
復元遺構	―

アクセス 村上駅から車5分

必見!!

本丸の石垣
手狭な本丸ではあるが整然と積まれた石垣が囲んでいる。遺構は戦国時代の物と江戸時代の物が混在。

栃尾城 とちおじょう

新潟県長岡市栃尾町

上杉謙信が初陣を飾った峻険な山城

見学2時間 ／ 駅から1時間以上 ／ 天守なし ／ 無料 ／ 山城

主な史実 栃尾城の戦い（1544）、御館（おたて）の乱（1578〜1580）

関連史跡施設
常安寺

1547（天文16）年に上杉謙信（当時は長尾景虎）が創建した寺院。謙信の兜の前立手など遺品が残る。現在の本堂は昭和54年（1974）に建てられたもの。

急すぎる崖は突破不可

必見!!

本丸東側断崖
高低差50mはあろうかという断崖が、長い楕円形の本丸を守る。東側以外も急峻な地形で、自然の要害を巧みに利用した縄張りになっている。

城DATA
別名	舞鶴城、大野城
築城年	室町時代
築城者	芳賀氏？
主な城主	本庄実乃（さねより）・秀綱
現存遺構	馬場、竪堀、堀切
復元遺構	―

アクセス 長岡駅からバス50分、徒歩20分

必見!!

鋭い堀切
栃尾城の堀切はいずれも鋭く深さも抜群のものばかり。

まだある名城 津川城（新潟県阿賀町津川）狐戻城、麒麟城とも呼ばれる平山城。越後進出の拠点とするため、金上氏が築城した。

| 見学2時間 | 駅から1時間以内 | 天守なし | 無料 | 山城 |

主な史実　御館の乱（1578〜1580）

春日山城
かすがやまじょう

新潟県上越市中屋敷春日山

謙信亡き後は後継争いの舞台にもなった

義の男が築いた広大なる山城

必見!!　麓より本丸＆周辺曲輪
山の斜面を削って築かれた曲輪の数は大小200以上といわれる。土塁や空堀が張り巡らされた典型的な山城の様相。周辺の山にも支砦などが置かれていた。総延長1200mに及ぶ総構も構築され、敵の侵入を防いでいたようだ。

必見!!　天守台より城下の眺め
標高180mの春日山の山頂、本丸（実城）の曲輪の中でも、一段高い「伝天守台（でんてんしゅだい）」からは、直江津の市街地、日本海と頸城（くびき）平野を一望できる。

必見!!　山頂直下の井戸曲輪
本丸・天守台跡から西側に少し下ったところにある大井戸。山頂からわずかの高い位置にありながら、渇水時にも涸れることがないといわれており、今でもこんこんと水が湧き出している。

城DATA

別名	蜂ヶ峰城
築城年	正平年間（1346〜70）頃、天正年間（1573〜92）
築城者	長尾為景　※初期は不明
主な城主	上杉氏、堀氏
現存遺構	土塁、堀切、郭、井戸
復元遺構	毘沙門堂

アクセス　直江津駅からバス45分

関連史跡施設
林泉寺（りんせんじ）

明応6年（1497）、長尾能景（よしかげ）が亡き父・重景の17回忌供養のため、長尾氏の居城である春日山城の山麓に建立。以来、上杉氏の菩提寺として知られる。1536（天文5）年に能景の子・為景が亡くなり、末子で当時7歳だった虎千代（のちの上杉謙信）が同寺預けられ、以後元服して景虎と称する14歳まで、住職の元で研鑽を積む。一時、寺は衰退していたが、慶長3年（1598）に春日山城主となった堀秀治によって再興された。

まだある名城　直峰城（新潟県上越市安塚区）南北朝時代の築城とされる。上杉謙信の関東進撃の重要拠点とされた。曲輪や土塁が残る。

鮫ヶ尾城（さめがおじょう）

新潟県妙高市神宮寺

跡目争いに敗れた景虎が二十代で果てた

| 見学2時間 | 駅から10分以内 | 天守なし | 無料 | 山城 |

主な史実 御館の乱（1578〜1580）

名将は高田平野を目に何を思ったか

必見!!

関連史跡施設 勝福寺
戦国時代、鮫ヶ尾城麓の館があった場所。御館（おたて）の乱が起き、鮫ヶ尾城で最期を迎えた上杉景虎の石像と供養塔が建つ。毎年、法要も行っている。

本丸から高田平野を眺望
標高185mの山上にある本丸は、2段になっており、この付近からは城下はもとより、日本海、信越国境に伸びる関田山脈の山並みも一望に見渡せる。

城DATA
別名	宮内古城
築城年	不明
築城者	不明
主な城主	上杉景虎
現存遺構	堀切
復元遺構	―

アクセス 新井駅から車10分

本丸に隣接する米蔵跡
本丸から深い堀切を隔てた北側にある。被熱した陶磁器片や炭化米などが出土。

必見!!

坂戸城（さかどじょう）

新潟県南魚沼市坂戸

関越国境の三国峠を睨む山上の要害

| 見学2時間 | 駅から10分以内 | 天守なし | 無料 | 山城 |

主な史実 御館の乱（1578〜1580）

眼下かなたに街道を見張る

必見!!

関連史跡施設 長尾政景公墓所
名将・上杉景勝の実父でもある、坂戸城主・長尾政景の遺骨が埋められた塚。墓碑は明治16年（1883）に再建。平成18年（2006）に再々建された。

大城から尾根道＆実城
山頂部一帯の曲輪を実城と呼ぶ。山頂から派生する尾根に、詰城だった大城、小城などが配置されている。尾根筋の道には小規模な堀切も設けられている。

城DATA
別名	
築城年	鎌倉時代または南北朝時代以降
築城者	新田氏
主な城主	新田氏、長尾氏、上杉氏、堀氏
現存遺構	石垣、土塁、堀切
復元遺構	―

アクセス 六日町駅から車5分

大城から城下＆雪山の眺望
大城は尾根筋の南にあり、標高631m。城下も周囲の眺望も抜群。実城も遠くに見える。

必見!!

まだある名城 荒戸城（新潟県湯沢町三俣）上杉謙信死後の家督争いである御館の乱の際、北条氏康に対抗するため上杉景勝が築城。

| 見学2時間 | 駅から30分以内 | 天守なし | 無料 | 山城 |

主な史実　増山城の戦い（1363・1560・1576・1581）

増山城

富山県砺波市増山

ますやまじょう

謙信の侵攻とも互角に渡り合った土の城

幾度もの実戦にさらされた

必見!! F郭付近（大手口）
増山城は山容一帯を使った山城で、大規模な曲輪を配していた。F郭とされる郭は両側に堀切が切られ、防備は厳重。万一突破されても、その後の進路は一の丸の下を迂回するように築かれており、一の丸から狙い打てるようになっていた。

必見!! 三ノ丸・安室（あむろ）屋敷間の堀切
独立性が高い郭だった安室屋敷の間の道は、深いV字の堀切。隣接する三ノ丸との間には巨大な横堀も。二ノ丸と合わせ、3つの城の集合体のような形状。

必見!! 馬洗池
二の丸と三の丸の間にある池で、当時はかなりの大きさだったことが想像される。歴代城主が馬に与えるための飲料水を汲んでいたと伝えられている。

城DATA

別名	和田城
築城年	貞治2年（1363）以前
築城者	不明
主な城主	桃井氏、斯波氏、神保長職、一向一揆勢、吉江宗信、佐々成政、中川光重、山崎長鏡
現存遺構	櫓台、竪堀、堀切、石垣、土塁、井戸
復元遺構	

アクセス　砺波駅から車20分

関連史跡施設

増山城下町土塁跡

増山城から見て西側、和田川ダムによってできた増山湖の対岸。半島のように突き出たその一帯は、段丘上の地形になっている。現在は、田畑が広がっているのどかな風景だが、戦国時代には、城下町が形成されていた。この城下町を防御するために作られたのが、土塁と空堀。長さ約80mにもわたって残っている。土塁の幅は約10m。空堀との比高差は約2mもあり、城の防御施設と見紛うほどの、なかなかの規模だ。

またある名城　城生城（富山県富山市八尾町城生）巨大な空堀に分厚い土塁など、迫力満点の造作が随所で見られる。

| 見学1時間 | 駅から10分以内 | 模擬天守 | 有料210円 | 平城 |

主な史実　富山の役（1585年）

富山城 とやまじょう
富山県富山市本丸1-62

水堀と石垣を巡らせた美麗なる"浮城"

鏡のような水面が生む絶景

関連史跡施設
長岡御廟（ごびょう）
標高80mの高台に立つ真国寺にある、富山藩主・前田家歴代の墓所。延宝3年（1675）に建立。毎年8月の御廟祭では、600基の石灯篭に灯りがともる。

必見!!

桜が彩る水堀と本丸
築城当時は神通川の流れを防御に利用しており、河川改修後は名残の松川の流れが本丸を囲む。城跡は公園として整備されており、春は桜の名所。

城DATA
別名	安住（あずみ）城
築城年	天文12年（1543）
築城者	神保長職、水越勝重（みずこしかつしげ）
主な城主	神保氏、佐々氏、前田氏
現存遺構	石垣、堀
復元遺構	天守

必見!!

大手枡形
本丸正門に続く枡形の石垣には、巨大な鏡石がいくつも取り入れられている。

アクセス　富山駅から徒歩10分

| 見学1時間 | 駅から10分以内 | 天守なし | 無料 | 平城 |

高岡城 たかおかじょう
富山県高岡市古城1-9

春には桜並木が古城を彩る

関連史跡施設
瑞龍寺（ずいりゅうじ）
江戸初期、高岡の基礎を作った加賀藩2代藩主・前田利長の菩提を弔うため、3代藩主利常が建立。当時は周囲に堀がめぐり、城郭の姿を想起させていた。

風情ただよう前田氏ゆかりの古石垣

必見!!

土橋の石垣
高岡城は土塁で築かれている城だが、本丸と二の丸を結ぶ土橋の両側面のみ石垣が使われている。乱積の打込接で築かれ、多くの刻印石が見られる。

城DATA
別名	
築城年	慶長14年（1609）
築城者	前田利長
主な城主	前田氏
現存遺構	堀、石垣
復元遺構	

必見!!

鍛冶丸・明丸間の水堀
城域の約3分の1を占める広大な水堀が高岡城の特徴で、きれいな伏流水を湛えている。

アクセス　高岡駅から徒歩10分

まだある名城　森寺城（富山県氷見市森寺）氷見地方の山城では最大の規模。郭、土塁など遺構が良好な状態で残っている。

| 見学1時間 | 駅から30分以内 | 天守なし | 無料 | 山城 |

主な史実　松倉城の戦い（1570・1580）

松倉城　まつくらじょう
富山県魚津市字城山3-2

眺望抜群の北国街道の要衝

日本海の水平線がかなたに　必見!!

関連史跡施設
柴田屋館跡
松倉城主・椎名康胤（しいなやすたね）の家臣・柴田久光の拠点。上杉謙信に敗れ城を追われた康胤は、一向一揆を頼り、同館のある南砺市方面へ落ち延びていった。

本丸からの眺望
標高413ｍの本丸からの眺望は素晴らしく、西には富山方面、北側には魚津市街地、日本海も一望できる。新川郡の要衝として重要な位置にあった。

城DATA
別名	鹿熊城、松蔵城、金山城
築城年	建武2年（1335）
築城者	普門氏［井上氏］？
主な城主	桃井氏、椎名氏、上杉氏
現存遺構	土塁、堀切
復元遺構	

本丸奥の堀切
城は連郭式の構造で、堀切で各郭を分断している。　必見!!

アクセス　魚津駅から車25分

| 見学2時間 | 駅から1時間以上 | 天守なし | 無料 | 山城 |

主な史実　黒峰城の戦い（1573～1592頃？）

黒峰城　くろみねじょう
石川県珠洲市宝立町大町泥木

山中にひそむ知られざる名城

おそるべき高さの大堀切　必見!!

関連史跡施設
宝立山
標高471ｍ。頂上は見晴らしが非常によく、七尾湾から能登半島の突端部、禄剛崎まで一望できる。見張りを立てるならピッタリの場所だったのではないだろうか。

見上げるような大堀切
城の主要部から東に降りたところにある。壁のように切り立った間を、城内への道は右へと折れている。その迫力に圧倒されること間違いなし。

城DATA
別名	
築城年	不明
築城者	不明
主な城主	阿部義宗、油井浄定
現存遺構	堀切、土塁
復元遺構	

主郭を守る土塁
主郭はほぼ円形で、周囲をぐるり土塁が巡る。内部の兵士の動きは外から見えなかっただろう。　必見!!

アクセス　穴水駅から車1時間

まだある名城　萩城（石川県珠洲市上戸町寺社）小高い丘に建つ小規模な城だが、圧巻の堀切と竪堀はわざわざ訪れる価値あり。

| 見学2時間 | 駅から30分以内 | 天守なし | 無料 | 山城 |

主な史実 七尾城の戦い（1576〜1577）

七尾城
ななおじょう

石川県七尾市古屋敷町夕8-1

上杉謙信も力では落とせなかった

山中に居並ぶ石垣群

本丸北東部の石段
本丸の壁面には前田氏の時代に築かれたとされる数段の石垣が残る。高石垣を造成する技術が確立されておらず、低い石垣を複数造ることで高さを稼いだものと考えられている。

必見!!

調度丸〜桜馬場間の石垣
北陸最大規模で知られる石垣の城、七尾城の遺構の中でも、ひときわ見ごたえがあるのが、調度丸から桜馬場にかけての一帯に残る石垣。野面積で、犬走りを設けながら5段構えに造られているが、まるで高石垣のような威圧感が漂っている。

必見!!

必見!!

七尾城で最大の九尺石
桜馬場の西の曲輪で、内枡形虎口の石垣に使われている九尺石は、その名の通り、長さが2.7mもある巨石。城の鎮護の要石（かなめいし）ともいわれ、苔むした姿に往時の威容が感じられる。

城DATA

別名	松尾城、末尾城
築城年	戦国時代前期（天正〜大永年間頃）
築城者	能登畠山氏
主な城主	能登畠山氏
現存遺構	石垣、土塁、空堀
復元遺構	

アクセス 七尾駅から車15分

関連史跡施設
七尾城史資料館

七尾城跡への登り口にあり、入口には冠木門を設置。敷地内には大正末期に建築されたという茶室が立ち、上杉謙信が七尾城に攻め寄せた際の様子を描いたパネルが設置されている。館内に入ると、水晶製の仏具や、銅板を掘った釈迦如来像から、日常用具や天目茶碗、城主愛刀、長槍、螺鈿の鞍などの武具類、城主直筆の書籍に至るまで、七尾城跡から発掘されたさまざまな品を展示。戦国時代の日常を、リアルに感じることができる。

まだある名城 荒山城（石川県中能登町芹川）山上の曲輪群と、裏手に隠された竪堀。変化に富んだ地形を活かした土の城。

| 見学 2時間 | 駅から 30分以内 | 天守 なし | 有料 310円 | 平山城 |

金沢城 かなざわじょう

石川県金沢市丸の内1-1

小京都と加賀百万石のシンボル

美しさに隠された戦への備え **必見!!**

関連史跡施設
尾山神社
明治6年(1873)に創建された同社の主祭神は、加賀藩の藩祖・前田利家。境内には、金沢城二ノ丸の門だった東神門が移され、神社の裏門として利用されている。

複雑な枡形の石川門
石川門はかつての搦手で、監視用の二重櫓を備えた内枡形門になっている。白く見える鉛瓦葺の屋根や海鼠塀が特徴で、唐破風の出窓型石落も必見。

城DATA
別名	金沢御坊、尾山城、尾山御坊
築城年	天正8年(1580)、天正11年(1583)
築城者	佐久間盛政、前田利家
主な城主	佐久間氏、前田氏
現存遺構	三十間長屋、石川門、石垣、土塁、堀
復元遺構	菱櫓、橋詰門、橋詰門続櫓、五十間長屋

アクセス 金沢駅からバス15分、徒歩5分

 **必見!!**

防壁兼の三十間長屋
安政5年(1858)建築の重要文化財で、2層2階の倉庫と防護壁兼用。実際の長さは26間半。

| 見学 2時間 | 駅から 10分以内 | 天守 なし | 無料 | 山城 |

主な史実 足利義昭来訪(1566)、一乗谷の戦い(1573)

一乗谷城 いちじょうだにじょう

福井県福井市城戸ノ内町

一時は将軍を庇護した朝倉家の本拠

関連史跡施設
一乗谷朝倉氏遺跡資料館
小京都とも称され、一時は足利将軍家も頼った朝倉氏。仏具、茶道具、化粧用具など、城下町として栄華を極めた時代の一乗谷から発掘された出土品を展示している。

必見!! 往時の城下町を忠実に復元

復元された侍屋敷
発掘された石垣や礎石をそのまま用いて、柱や壁、建具なども出土品から忠実に復元。侍屋敷群と庶民の町家の両方を見ることができる。

城DATA
別名	
築城年	15世紀後半
築城者	朝倉孝景
主な城主	朝倉氏
現存遺構	土塁、堀、石垣、庭園
復元遺構	侍屋敷、町屋

アクセス 一乗谷駅から徒歩10分

 **必見!!**

詰城の堀切＆畝状竪堀
曲輪や尾根筋は堀切で分断され、曲輪間の横移動を防ぐため畝状竪堀も無数に配されている。

まだある名城 大聖寺城(石川県加賀市大聖寺錦城)別名錦城。茶室は小堀遠州の設計で、国の重要文化財に指定されている。

| 見学1時間 | 駅から30分以内 | 現存天守 | 有料450円 | 平山城 |

主な史実 越前騒動（1612）

丸岡城
まるおかじょう

現存最古とされる安土桃山時代の天守が残る

福井県坂井市丸岡町霞町1-59

小ぶりだが威風堂々たる構え

必見!!
天守の廻り縁
最上階の三階には、望楼型天守の特徴の廻り縁から福井平野を一望できる。雨水を流すため外に向けて傾斜している。

必見!!
現存最古の天守閣
2重3階の望楼型で、大入母屋の上に廻り縁のある小さな望楼を乗せた古い建築様式。1階は塗籠と下見板張、3階は真壁造。天守台の石垣は野面積で、部分的に打込接の修復跡も見られる。屋根に福井産笏谷石の石瓦が使われているのも特徴。

必見!!
天守の出窓
格子付きの出窓は鉄砲や矢で侵入者を攻撃するときに役立つ造り。敷板をはずすと石落としになった。出窓のほかにも突上戸の格子窓も設けられており、板戸を閉めると外壁と同化する。

城DATA

別名	霞ヶ城
築城年	天正4年（1576）
築城者	柴田勝豊
主な城主	柴田氏、安井氏、青山氏、今村氏、本多氏、有馬氏
現存遺構	天守、石垣、井戸
復元遺構	

アクセス 芦原温泉駅からバス20分

関連史跡施設
有馬天然屋敷跡庭園

坂井市の浄覚寺境内の一角に拡がる、丸岡藩の家老・有馬天然の屋敷跡庭園。京都の庭師・松右ェ門を招いて造影された庭園は、近江八景を表していると伝えられている。幕末以降も屋敷跡庭園は引き継がれ、今なお当時の姿をよく残している。武家庭園として大変貴重な存在ということもあり、昭和56年（1981）に坂井市指定史跡に指定された。そばには、高さ2m、横1mの自然岩でできた、有馬天然の記念碑が鎮座している。

まだある名城 村岡山城（福井県勝山市村岡町郡）越前一向一揆の拠点。主郭から西は堀切、東には畝状竪堀。

| 見学2時間 | 駅から10分以内 | 天守なし | 無料 | 山城 |

主な史実　杣山城の戦い（1336）

杣山城 そまやまじょう

断崖の岩山を活かした南北朝時代の山城

福井県南越前町阿久和

天然そのままの無骨さも魅力

必見!!　桂掛岩（かつらかけいわ）
鎌倉時代に源氏が築いたとされる杣山城は、険しい崖を利用した山城。桂掛岩は山頂近くの絶壁で、城主だった瓜生氏一族の瓜生保が戦死したと聞いた夫人や女房たちが、この絶壁から飛び降りて自害したという言い伝えが残る。

必見!!　本丸からの眺望
標高492mの山頂にある本丸からは、木ノ芽峠を超えてきた敵の様子がよくわかる。城下を一望できる杣山城は越前の玄関口として機能していた。本丸の東西には、東御殿と西御殿が築かれていた。

必見!!　姫穴
岩壁にできた穴で、高さは約5.5m、間口は約1.5m。武将・新田義貞の妻だった匂当内侍が、敵軍に攻め込まれた際に一時、身を潜めていたといわれている。

城DATA

別名	
築城年	鎌倉時代
築城者	源頼親、瓜生衡
主な城主	瓜生氏
現存遺構	土塁、堀
復元遺構	

アクセス　湯尾駅から車5分

関連史跡施設
瓜生保の墓

南北朝時代（1336〜1392）、南朝方の武将で、杣山城主だった瓜生保（うりゅうたもつ）は、金ヶ崎城の新田義貞を救援するため、兵5000を引き連れ杣山城を出立。道中、足利の大軍2万と大激戦を展開するも、遂には敗れ、命を落としてしまう。戦死した地には石碑が建てられており、墓はその戦死の地の裏山に、明治34年（1901）、瓜生氏の血を引く末裔によって建てられた。実に500年以上を経て、遠い先祖の菩提が弔われたのだ。

まだある名城　東郷槇山城（福井県福井市小路町）朝倉氏の本拠である一乗谷城の支城として応永年間に築城。現在は公園になっている。

越前大野城
えちぜんおおのじょう

福井県大野市城町3-109

雲海を従えた天守の姿はまさに絶景

| 見学1時間 | 駅から30分以内 | 復興天守 | 有料200円 | 平山城 |

関連史跡施設
光明寺山門
越前大野城の二ノ丸にあった鳩門を移築。当初は2層の櫓門だったが、昭和23年（1948）の火災で2層部分が焼失、後年再建された。

雲海に浮かぶ神秘の城

雲海を従えた天守
築城当時は、望楼付き2層3階の大天守と2層2階の小天守があった。雲海を見るには、城の西側にある犬山へ。

必見‼

城DATA
別名	亀山城
築城年	天正8年（1580）頃
築城者	金森長近
主な城主	金森氏、松平氏、土井氏
現存遺構	石垣、堀、土居、曲輪
復元遺構	天守、門

必見‼
天守と石垣
石垣の工法は、石を横に寝かせて大きい石を奥に押し込んで積み上げる野面積みが用いられた。

アクセス 越前大野駅から徒歩15分

金ヶ崎城
かねがさきじょう

福井県敦賀市金ヶ崎町

源平合戦期から戦国まで幾多の歴史の舞台に

| 見学1時間 | 駅から10分以内 | 天守なし | 無料 | 山城 |

主な史実 金ヶ崎城の戦い（1336〜1337・1459・1570）

関連史跡施設
金崎宮
恒良（つねなが）親王と尊良（たかなが）親王を祀る。建武3年（1336）、金ヶ崎の戦いで破れ、恒良親王は城の陥落とともに捕縛され幽閉、尊良親王は自害した。

陸も海もしっかり守る

二ノ木戸付近の堀切
一の木戸から三の木戸まであり、二の木戸付近は、特に深い。

必見‼

城DATA
別名	敦賀城
築城年	不明
築城者	平通盛
主な城主	気比氏、甲斐氏、朝倉氏
現存遺構	城戸跡
復元遺構	

必見‼
敦賀湾を一望
城が築かれた金ヶ崎は、敦賀湾に突き出した海抜86mの小高い丘陵地。尾根続きで天筒山城にもほど近く、いずれも北陸の交通の要衝に位置していた。

アクセス 敦賀駅からバス8分

77　**まだある名城** 戌山城（福井県大野市戌山）堀切と竪堀を駆使した典型的な山城。越前大野城を拝する場所としても人気。

| 見学1時間 | 駅から30分以内 | 天守なし | 無料 | 平城海城 |

小浜城 おばまじょう

高石垣はかつて海と湿地に囲まれていた

福井県小浜市城内1-7-55

四方を固める豪壮な石垣

必見!! 主郭の石垣
山頂の主郭は三段にわかれている。二段目と三段目の周囲に石垣が設けられており、中でも三段目の北側は石垣は見応え十分。

必見!! 天守台
江戸時代にはこの石垣の上に、三層の天守が鎮座していたという。築城時の城主は京極高次だが、天守を造営したのはその後を受けた、譜代大名・酒井氏。8年の期間をかけて、寛永19年（1641）に完成した。

城DATA

別名	雲浜城
築城年	慶長6年（1601）
築城者	京極高次
主な城主	京極氏、酒井氏
現存遺構	石垣
復元遺構	

アクセス　小浜駅から徒歩25分

関連史跡施設
空印寺（くういんじ）

境内には小浜藩主・酒井家歴代の墓が並ぶ酒井家歴代墓所がある。瓦や薬医門などには、酒井家の家紋である若狭剣片喰紋や井桁（いげた）が掲げられている。元々、若狭守護の武田氏居館跡で、その敷地跡に建てられた。小浜藩の初代藩主・酒井忠勝が、父の忠利の遺骨を移した健康寺が、二代藩主・忠直の時代に現寺名となった。

まだある名城　砕導山城（福井県高浜町宮崎）永禄4年（1561）に主家に叛旗を翻した逸見昌経の居城。堀切がこれでもかとばかり随所に。

後瀬山城 (のちせやまじょう)

福井県小浜市伏原

皇族も頼った若狭守護・武田家の本拠

|見学1時間|駅から30分以内|天守なし|無料|山城|

主な史実 足利義昭来訪(1566)、後瀬山城の戦い(1568)

関連史跡施設 長福寺
若狭武田氏の初代、武田信栄(のぶひで)の菩提寺。信栄は、室町幕府の6代将軍・足利義教(よしのり)の寵愛を受け、若狭守護職を得た。

土と石を駆使した山城の妙技

必見!!

主郭の石垣
山頂の主郭は三段にわかれている。二段目と三段目の周囲に石垣が設けられており、中でも三段目の北側は石垣は見応え十分。

必見!!
城〜八幡神社間の土橋
山麓の八幡神社までは、切岸と切削地をを段々に重ねた小曲輪の連続。この道が本来の登城道だったことは想像に難くない。

城DATA
別名	—
築城年	大永2年(1522)?
築城者	武田元光
主な城主	若狭武田氏、丹羽長秀、浅野長政、木下勝俊(かつとし)、京極氏、酒井氏
現存遺構	堀切、土塁
復元遺構	—

アクセス 小浜駅から徒歩20分

国吉城 (くによしじょう)

福井県三方郡美浜町佐柿25-2

越前方面から若狭を守る峠の要

|見学1時間|駅から10分以内|天守なし|無料|山城|

主な史実 国吉城の戦い(1563〜1569)

関連史跡施設 国吉城居館
山麓にある国吉城主・粟屋(あわや)勝久の居館。土塁や石垣が残り、国吉城主と家臣の屋敷と伝わる。平成13年(2001)の調査で伝承は裏付けられた。

頑強な土塁がぐるり囲む

必見!!

二の丸虎口の高土塁
二の丸と伝わる曲輪の食い違い虎口は、他の曲輪には見られない高土塁で囲んだがっしりとした造りが特徴だ。郭自体は大きくないが、土塁の迫力は十分。

必見!!
主郭(切岸下より望む)
主郭からは美浜町市街地や若狭湾が一望できる。本丸下の帯曲輪に残る石垣も見逃せない。

城DATA
別名	佐柿国吉城
築城年	弘治2年(1556)
築城者	常田国吉、粟屋勝久
主な城主	粟屋勝久、木村定光
現存遺構	土塁、石垣、空堀、堀切
復元遺構	—

アクセス 美浜駅からバス4分、徒歩5分

まだある名城 白石山城(福井県高浜町馬居寺) 主郭周辺には石垣が残る。虎口のように通路を屈曲させた部分も見受けられる。

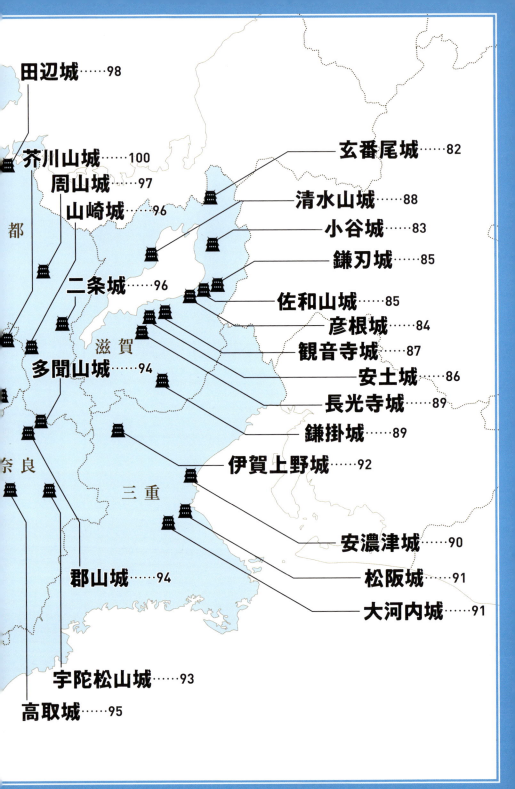

主な史実　賤ヶ岳の戦い（1583）

玄蕃尾城
げんばおじょう

滋賀県長浜市余呉町柳ヶ瀬・福井県敦賀市刀根

賤ヶ岳の戦いにおける柴田勝家の本陣

"最前線"の魅力あふれる

必見!!　侵入を阻む馬出＆土橋
角馬出しから土橋を渡って主郭に至る。玄蕃尾城の縄張りは主要な4つの曲輪が土橋で連結されている。深い堀により狭くなった土橋の先に、主郭が見える。主郭の虎口は左右に高さ2mほどの土塁が築かれ、守備力の高さを窺わせる造りだ。

必見!!　土塁造りの大手虎口
城の入口となる大手虎口。抜けた先に最初の曲輪がある。複雑に入り組んだ土塁と地形の高低差を巧みに利用し、刀根坂（とねざか）峠方面からの城内侵入を阻んでいる。

必見!!　東虎口は攻守兼用
東虎口は攻撃の拠点となる。隆起した土塁に3方が囲まれているため、敵が攻め込んで来ても動きは制限されるだろう。土塁に隠れた右手奥には巨大な曲輪がある。

城DATA

別名	内中尾山城、柳瀬城
築城年	天正11年（1583）
築城者	柴田勝家
主な城主	柴田勝家
現存遺構	横堀、堀切、竪堀、土塁、櫓台、馬出
復元遺構	

アクセス　木ノ本駅からバス30分

関連史跡施設
賤ヶ岳古戦場

標高約422mの賤ヶ岳山頂は、「賤ヶ岳の戦い」で秀吉方の主要な砦が築かれた地。南は小谷城周辺と琵琶湖方面、北は余呉湖が一望できる地勢上の要衝にあたる。現在も曲輪、堀切、土橋、枡形虎口などの遺構が残っており、山頂公園には縄張図が掲げられている。凝った解説版や武将の銅像など戦いを想像する一助となる見どころも多い。最寄りの木之本駅からは、レンタサイクルとリフトのセット「賤ヶ岳戦国チャリ」が利用できる。

まだある名城　賤ヶ岳砦（滋賀県長浜市大音）豊臣秀吉の家臣・桑山重晴が築いた。その後、賤ヶ岳の戦いにおける重要拠点となった。

| 見学3時間 | 駅から30分以内 | 天守なし | 無料 | 山城 |

主な史実 小谷城の戦い（1525・1538・1573）

小谷城
おだにじょう

滋賀県長浜市小谷郡上町

山上に散った湖北の雄・浅井長政

信長と渡り合った名将を偲ぶ

必見!!
尾根最上部の本丸跡
標高496mの小谷山。その急峻な地形に守られ、南北に細長く伸びる尾根上に配された小谷城の主要部。千畳敷または大広間と呼ばれる城の中枢エリアの奥にある、1段高い曲輪が本丸跡。石垣の上に大櫓が建っていたと考えられている。

必見!!
主要部を分かつ大堀切
東西が切り立った急斜面になっている細い尾根の頂上部分を南北に切り込んだのが大堀切。本丸のある南側と、山王丸・京極丸などがある北側を隔てるために、尾根を深く掘り下げて造成されている。

必見!!
虎口を守った黒金門跡
主要ルートの追手道からアプローチすると、番所跡、御茶屋、御馬屋敷、桜馬場と続き、主要部を守っていたのが黒金門。往時は鉄を打ち付けた扉があったとされ、崩れた石垣と石段が名残を伝える。

城DATA

別名	
築城年	大永3年（1523）頃
築城者	浅井亮政（すけまさ）
主な城主	浅井氏
現存遺構	堀切、土塁、石垣、竪堀
復元遺構	

アクセス 河毛駅からバス18分、徒歩5分

関連史跡施設
小谷城戦国歴史資料館

小谷城址がある小谷山の南西麓に建てられた歴史資料館。戦国時代に北近江一帯を支配した浅井氏と、その居城である小谷城をメインテーマに、多彩な展示品で構成されている。第1展示室では、浅井長政と夫人のお市の方、二代浅井久政ら、浅井氏三代の人物を紹介。小谷城跡から発掘された遺物からは、城での生活や戦の様子が伺える。第2展示室では、古い絵図や曲輪復元図などにより、小谷城の構造や様子を詳しく知ることができる。

まだある名城 大嶽城（滋賀県長浜市湖北町伊部）小谷城と峰続きの北側山頂。小谷城の戦いの際、朝倉氏の援軍が籠るも撤退。

| 見学2時間 | 駅から30分以内 | 現存天守 | 有料800円 | 平山城 |

彦根城
ひこねじょう
滋賀県彦根市金亀町1-1

大津城から移築された国宝天守

美しき天守には隠し狭間も

必見!!
三重三階の国宝天守
国宝四城の1つに数えられている。望楼型、木造の現存天守で、切妻破風、入母屋破風、唐破風を組み合わせた複雑な意匠。2重目にはきらびやかに金箔の飾金具を配した重厚かつ華麗な建築で、附櫓、多聞櫓も国宝に指定されている。

必見!!
重要な天秤櫓と木橋
大手門と表門からの道が合流する要に位置し、鐘の丸から天守へ続く尾根を築城時の縄張りで断ち切った「大堀切」に建てられている。長浜城の大手門を移築し、左右対称に見えることからついた名。

必見!!
鉄壁の守りの天秤櫓
左写真と同じ場所を別角度から。この折れ曲がった通路を抜ける際、天秤櫓には背中を向けなければならない。櫓の射手から狙い放題だ。

🏯 城DATA 🏯

別名	金亀城
築城年	慶長9年(1604)
築城者	井伊直継・直孝
主な城主	井伊氏
現存遺構	天守、天秤櫓、太鼓門櫓、西の丸三重櫓、二の丸佐和口多聞櫓、馬屋、楽々園、玄宮園
復元遺構	表御殿

アクセス 彦根駅から徒歩15分

― 関連史跡施設 ―
埋木舎(うもれぎのや)
彦根藩の十一代藩主・井伊直中の第14子として生まれた井伊直弼が、17～32歳までの15年間、わずか三百俵のみを与えられ過ごした家。旧中堀に面した質素な武家屋敷だが、文武両道の修練の一環として茶を嗜んだことから茶室「澍露軒」がある。5歳の時に生母を、17歳のときに父を亡くした不遇の身を、「世の中を よそに見つつも 埋もれ木の 埋もれておらむ 心なき身は」と和歌に詠み、住まいを「埋木舎」と名付けた。

まだある名城 長浜城(滋賀県長浜市公園町)羽柴秀吉が初めて築いた城。復元された天守は歴史博物館になっている。

| 見学2時間 | 駅から30分以内 | 天守なし | 無料 | 山城 |

主な史実 佐和山城の戦い（1600）

佐和山城 さわやまじょう
秀吉子飼いの名将・三成の本拠
滋賀県彦根市古沢町

関連史跡施設
龍潭寺（りょうたんじ）
遠江国にある井伊氏の菩提寺が、井伊直政が佐和山城主となり彦根へ転封となった際に分寺した。佐和山城の陣鐘・龍潭晩鐘、石田三成の像や資料がある。

関ヶ原の後に主家と運命をともに
必見!!

湖北を一望する本丸
標高233ｍの本丸跡からは彦根の街が一望。城の大手は彦根のある坂田郡側に開かれ、東山道[中山道]の抑えとして重要な立地だった。

城DATA
別名	―
築城年	文治元年[建久元年]～建久9年(1190-1198)頃?
築城者	佐保時綱
主な城主	佐保氏、小川氏、磯野氏、丹羽氏、石田氏、井伊氏
現存遺構	石垣、土塁、堀
復元遺構	―

アクセス 彦根駅から徒歩20分

必見!!
炎上説もある塩硝櫓跡
西の丸下段にある火薬庫跡。佐和山城落城の際、火薬が暴発したという説も。

| 見学2時間 | 駅から30分以内 | 天守なし | 無料 | 山城 |

主な史実 鎌刃城の戦い（1570・1571）

鎌刃城 かまはじょう
細尾根を鋭く切った堀切群が度肝を抜く
滋賀県米原市番場

関連史跡施設
蓮華寺
聖徳太子創建の古寺で、鎌刃城主・土肥三郎元頼が再興。鎌倉末期、北条仲時以下432人が鎌倉へ落ち延びる途中、佐々木道誉に阻まれて自刃した地。

進めども進めども堀切が出現

必見!!
立派な規模の大手門
北郭の枡形虎口は位置的に城の大手門に相当。2間×1間半の4脚門が建っていたとか。

城DATA
別名	―
築城年	天文～元亀年間(1532～1573)頃
築城者	土肥元頼（どいもとより）
主な城主	堀氏
現存遺構	土塁、石垣、堀切、竪堀
復元遺構	―

アクセス 米原駅から車20分

必見!!
7本も連なる連続堀切
鎌刃城は、鈴鹿山地の主稜線から南へ伸びる支尾根に築かれており、副郭からは幅の狭い尾根上に7本の「堀切り」が連続する独特の構造となっている。

まだある名城 横山城（滋賀県長浜市石田町）姉川を挟んで向かい合った、小谷城の支城。永禄4年（1561）の浅井長政の築城と伝わる。

| 見学1時間 | 駅から30分以内 | 天守なし | 有料700円 | 山城 |

主な史実 天主周辺焼失（1582）

安土城
あづちじょう

天下人・信長だけに何もかもが規格外

滋賀県近江八幡市安土町下豊浦

一直線に伸びる豪快な石段

必見!! 一直線に伸びる大手道
大手口から本丸に向かって一直線に伸びる、全長180m、道幅8mのスケールの大きな直線階段。両脇に排水溝も備えた規模の大きな遺構で、防御ではなく、織田信長の天下統一を示威するための堂々たる造りが安土城の特徴を体現している。

必見!! 石段に使われた石仏
石段の随所に石仏。信長の意図の解釈は様々。

必見!! 幻の壮麗なる天主台跡
いびつな8角形をした台地に礎石が整然と並ぶ、木造高層建築。高さ46mの壮大で絢爛豪華な天主があった場所と伝わる。

城DATA

別名	
築城年	天正4年（1576）
築城者	織田信長
主な城主	織田氏
現存遺構	天守台、石垣、堀
復元遺構	石垣、大手道

アクセス 安土駅から徒歩25分

関連史跡施設
安土城考古博物館

弥生時代の遺跡や古墳に関する展示のほか、中世の城郭スタイルが完成した時期に築城された観音寺城、近世城郭の始まりとなった安土城について、時代背景と共に解説。「中世の城づくり」「戦国時代の近江」「安土城と織田信長」などのテーマに沿って、復元模型や発掘調査の成果など、多彩な展示。映像シアターでは安土城発掘の成果や復元映像、情報検索システムを備えた「信長研究室」では、織田信長の事績や安土城の発掘状況も見られる。

まだある名城 八幡山城（滋賀県近江八幡市宮内町）羽柴秀次の居城。跡地には村雲御所瑞龍寺。石垣など遺構が再利用されている。

| 主な史実 | 北畠顕家進攻（1336）、　観音寺城の戦い（1468・1469）／伊庭氏反乱（1525） |

観音寺城
かんのんじじょう

石垣を随所に配した広大な山城

滋賀県近江八幡市安土町石寺

ダイナミックな技巧が光る

必見!!
空にせり出す大石垣
石垣のバリエーションが豊富で、見るものを飽きさせない観音寺城で、ひときわ見映えのするスポット。復元だが、急斜面からせり出すように積まれている。石垣上からの眺望ももちろん抜群。城下を見晴らせる。

必見!!
平井丸南虎口
壮大なる石垣造りの観音寺城でも、最も巨大な石を使った石組みが残るのが伝平井丸の南虎口。数段の石段の左右に巨石が配され、平虎口ながら、圧倒的な存在感がある。

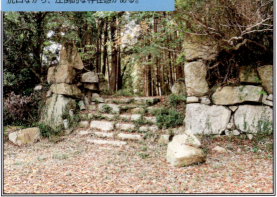

必見!!
半崩落の木村丸埋門
伝本丸から伝池田丸へ続く尾根から東へ下った斜面にあるのが伝木村丸。立派な石塁が残るが、その一部に、トンネル状に穴が開いた「埋門」跡がある。石垣の下部をくり抜くように造られた出入口。

城DATA

別名	佐々木城
築城年	不明
築城者	佐々木六角氏
主な城主	佐々木六角氏
現存遺構	土塁、石垣、竪堀、堀切、井戸
復元遺構	大石垣

アクセス 安土駅から車25分

関連史跡施設
観音正寺（かんのんしょうじ）

聖徳太子創建と伝わる古刹で、西国三十二番札所として現在も賑わう。鎌倉時代から室町時代頃にかけて、近江守護の六角氏が庇護。最盛期は三十三坊もの塔頭が連なる大寺院として権勢を誇ったが、応仁の乱以降、たびたび戦乱の場に。永禄11年（1568）、織田信長によって六角氏が滅ぼされたのち長く荒廃していた。明治時代、彦根城の欅（けやき）御殿を拝領し本堂とするも平成5年（1993）に焼失。現在の本堂は平成16年（2004）に再建されたもの。

まだある名城 箕作山城（滋賀県東近江市五個荘山本町）観音寺城の支城として織田軍に抵抗するはずだったが、先んじて攻め落とされる。

| 見学3時間 | 駅から30分以内 | 天守なし | 無料 | 山城 |

主な史実 信長高島郡攻略(1572)

清水山城
しみずやまじょう

滋賀県高島市新旭町熊野本

尾根を高土塁に見立てた個性的な構造

その鋭さは畿内随一

必見!!
畝状竪堀群
本丸とは別のピークに連なる北出曲輪群。そのさらに北側へやや下ると、堀切の脇に竪堀がズラリ。これだけまとまった本数を見通せる城跡は割と珍しい。

必見!!
南西尾根の大堀切
左手側が曲輪2。たどってゆくと本丸にたどりつく。落差は5m以上はあるだろうか。

城DATA

別名	日高山城、比叡谷城
築城年	応仁年間(1467～1469)頃
築城者	佐々木高信
主な城主	高島氏
現存遺構	土塁、竪堀、堀切、井戸
復元遺構	―

アクセス 新旭駅から徒歩20分

関連史跡施設
大荒比古(おおあらひこ)神社

「延喜式神名帳」に記録された古社。清水山城を築いた佐々木高信が勧請したと伝えられている。佐々木氏累代の守り神である少彦名命、仁徳天皇、宇多天皇、敦実親王の四柱の神々を祀る。例祭「七川祭」は湖西最大の馬祭りで、宇治川の戦いで戦功のあった佐々木信綱の二男、佐々木高信が出陣する際、この神社に祈願に訪れ、戦勝した時には12頭の流鏑馬と12基の的を献納したことにちなむと伝わっている。

まだある名城 大溝城(滋賀県高島市勝野)交通の要衝である大溝港のそばに建った。本丸跡には天守台の石垣などが残る。

鎌掛城 かいがけじょう
滋賀県日野町鎌掛

蒲生氏の最後の砦には圧巻の巨大切岸

見学2時間／駅から30分以内／天守なし／無料／山城

関連史跡施設
鎌掛山屋敷

鎌掛城の西北麓に位置する居館とされる屋敷跡。中野城主であった蒲生賢秀が嫡男の蒲生賦秀（やすひで。のちの氏郷）に家督を譲ったあと、ここに隠居した。

何もかもが規格外　必見!!

巨壁のような切岸
岩盤も巧みに利用した切岸。鎌掛城にはこういったダイナミックな造作が多く見られる。土塁も堀切も、とにかくそのサイズに圧倒される。

大堀切
写真は堀切の片側のみ。攻撃にさらされながら、この高さを越えてゆくのは容易でない。　必見!!

城DATA
別名	―
築城年	大永2年（1522）頃？
築城者	蒲生秀紀
主な城主	蒲生氏
現存遺構	土塁、石積、堀切、井戸、空堀
復元遺構	―

アクセス：日野駅から車で20分

長光寺城 ちょうこうじじょう
滋賀県近江八幡市長光寺町

柴田勝家「瓶割り」逸話の舞台

見学2時間／駅から10分以内／天守なし／無料／山城

主な史実　長光寺城の戦い（1570）

関連史跡施設
長光寺

聖徳太子建立四十九院の一つで、壮広な七堂伽藍（しちどうがらん）の大寺と伝わる。長光寺城が築かれたため、たびたび戦の舞台となった。

必見!!
石仏が守る古井戸
主郭東の三の郭にある。勝家は水の手を断たれたとの伝承だが……。

城内の最重要防御ポイント　必見!!

城DATA
別名	瓶割（かめわり）城
築城年	鎌倉中期
築城者	佐々木政堯（まさたか）
主な城主	佐々木氏、柴田勝家
現存遺構	堀切、石垣
復元遺構	―

曲輪をつなぐ土橋
山麓から山道を登ってくると、ちょうどここに脇からたどりつく。城内へはこの狭い部分にとりつく必要があるが、両側の曲輪から否応なしにさらされる。

アクセス：武佐駅から徒歩5分

まだある名城　土山城（滋賀県甲賀市土山町北土山畑）土塁と土橋が複数箇所、かなりの良好状態で残っている。

| 見学1時間 | 駅から30分以内 | 天守なし | 無料 | 平城 |

主な史実 安濃津城の戦い（1600）

安濃津城
あのつじょう

築城名人・藤堂高虎の手による石垣の妙

三重県津市丸之内本丸

角石の工夫にうならされる

必見!!
本丸戌亥（いぬい）櫓台
石垣を積む技術が最も問われるのが角の部分。高さと傾斜があればあるほどよいが、崩れてしまっては元も子もない。加藤清正と並び「戦国の二大築城名人」と称される、藤堂高虎の妙技。

必見!!
石垣のみが残る丑寅櫓
古写真によると、層塔型で破風のない三重櫓が建っていた場所で、現在は石垣台のみが残る。石垣は反りのない積み方で、藤堂高虎による築城スタイルが残されている。

必見!!
天守台
さすがは築城名人、最後の砦となる場所の造りもぬかりない。下部の一部分には、自然石そのままの形に近い巨石も見られる。整然とした他の部分となぜ、ここだけ異なるのか不思議だ。

城DATA

別名	津城
築城年	永禄年間（1558～1570）
築城主	細野藤敦
主な城主	細野氏、織田氏、富田氏、藤堂氏
現存遺構	天守台、石垣
復元遺構	三層櫓

アクセス 津新町駅から徒歩15分

関連史跡施設
寒松院

津城や伊賀上野城の城下町整備に尽力し、津藩の基礎を築いた藤堂高虎。以来、十二代に渡って藩主を務めた藤堂家の菩提寺。二代藩主の高次が創建した当初は「昌泉院」という名であったが、後に藤堂家の菩提寺となり、高虎の院号から寒松院と改名。以後、明治に藤堂氏が離檀するまで藩費で維持された。太平洋戦争の戦火で堂宇が壊滅し、境内も縮小したものの、初代・高虎夫妻をはじめとする歴代藩主の壮大な五輪塔が、往時の威容を物語っている。

まだある名城 桑名城（三重県桑名市吉之丸）桑名藩主代々の居城。本多忠勝が10年近くもの歳月をかけて築城したとされる水城。

大河内城 おおかわちじょう
三重県松阪市大河内町

信長に対峙し伊勢の雄・北畠氏が籠る

見学1時間 / 駅から30分以内 / 天守なし / 無料 / 平山城

主な史実 大河内城の戦い (1569)

関連史跡施設
浄眼寺

北畠氏の菩提寺。文明10年（1478）、伊勢国司を務めていた北畠政郷（まさと）が開山。永禄12年（1569）、織田信長の阿坂城攻略の際、その山麓にあった同寺も伽藍焼失。豊臣政権時、太閤検地の際に寺領が安堵され、以後、江戸時代にかけて再建された。

乱世に名家が露と消える

必見!!

大河内合戦四百年記念碑
標高110メートルほどの丘陵に設けられた城の本丸は、現在は大河内神社が建っている。永正12年（1569）、織田信長に攻められた北畠具教（きたばたけとものり）は50日に及ぶ籠城戦の末、信長の息子・信雄を養子に迎えることを条件に、和睦。強敵に一歩も引かなかった具教の戦いを、現地に立つ碑が後世に伝える。

城DATA
別名	―
築城年	応永19年（1412）～応永22年（1415）？
築城者	北畠満雅（みつまさ）
主な城主	伊勢大河内氏、北畠具教、織田信雄
現存遺構	堀切、土塁
復元遺構	

アクセス 松阪駅からバス20分

松阪城 まつさかじょう
三重県松阪市殿町

安土城方式を継承した穴太積の総石垣

見学1時間 / 駅から30分以内 / 天守なし / 無料 / 平山城

関連史跡施設
御城番（ごじょうばん）屋敷

城門の外に、城警護の紀州藩士20名が家族共々暮らした武家屋敷。槙垣と石畳、長屋風の組屋敷が往時のまま残っており、今も藩士の末裔が暮らしている。

藩主気分で城下を眺めたい

必見!!

警護藩士の御城番屋敷
二の丸から見た武家屋敷の一角。安土桃山時代に築かれた長屋形式の区割りで、城の警護を担当する藩士が家族ともども暮らしていた全国でも珍しいもの。

必見!!

きたい丸の高石垣
松阪城は穴太衆（あのうしゅう）の手による総石垣造りの城で、随所で迫力のある石積みが見られる。

城DATA
別名	松坂城
築城年	天正16年（1588）
築城者	蒲生氏郷
主な城主	蒲生氏郷、服部一忠、古田重勝
現存遺構	天守台、石垣
復元遺構	

アクセス 松坂駅から徒歩15分

まだある名城 霧山城（三重県津市美杉町上多気）北畠氏の本拠地となる大規模な城で、城下町も抱えた。堀切や土塁など遺構が見られる。

| 見学2時間 | 駅から10分以内 | 復興天守 | 有料500円 | 平山城 |

伊賀上野城
いがうえのじょう

城内随所で見られる高石垣が見事

三重県伊賀市上野丸之内106

緑も映え古城の風情たっぷり

圧巻の本丸高石垣西面 必見!!
伊賀上野城でも屈指の見どころが本丸西面の高石垣。築城の名手藤堂高虎が築いたもので、すらりと反りのない直線的な勾配で、水面から立ち上がる。高さ26mの堂々たる石垣は西側の防備の強固さを物語る遺構。

大天守&小天守 必見!!
高虎は5層の天守閣を建設しようとしていたが、建造中の暴風雨で倒壊。現在のものは、昭和10年(1935)に建てられたもので、大天守は3重3階、小天守は2重2階の木造で、内部で藤堂家の資料を展示。

城代屋敷跡 必見!!
藤堂高虎が入封する前は、筒井定次の城があり、天守が築かれていた跡に城代屋敷が建てられた。現在は、建物は残っておらず、打込接で積まれた石垣のみがある。

城DATA

別名	白鳳(はくほう)城
築城年	天正13年(1585)、慶長16年(1611)
築城者	筒井定次、藤堂高虎
主な城主	筒井氏、藤堂氏
現存遺構	石垣、堀、武具蔵
復元遺構	城代屋敷石垣

アクセス 上野市駅から徒歩8分

関連史跡施設
鍵屋ノ辻

日本三大仇討の一つ、「伊賀越仇討」の舞台。城下の西側、伊勢街道と奈良街道の分岐点にあたり、寛永11年(1634)、渡辺数馬が義兄荒木又右衛門の助太刀を得て、弟源太夫を殺した河合又五郎に仇討ちを成し遂げた地。隣接する伊賀越資料館には、荒木又右衛門の自筆の起請文などが展示され、裏庭には河合又五郎の首を洗ったという池もある。数馬、又右衛門一行が待ち伏せをした萬屋を再現した「数馬茶屋」では仇討メニューもある。

まだある名城 亀山城(三重県亀山市本丸町) 現存する多聞櫓は数少なく、天守台も残る。岡本宗憲の築城で、粉蝶城との異名も持つ。

| 見学1時間 | 駅から1時間以内 | 天守なし | 無料 | 山城 |

宇陀松山城
うだまつやまじょう

地方領主の山城を総石垣に大幅改築

奈良県宇陀市大宇陀春日

破却時の痕跡がよく残る

必見‼ 宇陀方面一望の天守台
城の主郭部分と城外を結ぶ要となるのが二の丸に続く南西虎口。「阿紀山城図」に雀門と記された門跡と4方向への通路がある外枡形虎口の石組みが残る。天守台には2カ所の登り口があり、天守に相当する櫓と附櫓があったと推定されている。

必見‼ ジグザグの横堀
高低差をつけるだけでなく、水平方向への移動をしにくくすることで、より攻守の優位差は大きくなる。

必見‼ 南東虎口部【大門跡】
空撮写真だと、虎口の折れ曲がりが非常によく分かる。本丸との落差は歴然で、勢いを止められたところに猛攻をかけられたらひとたまりもない。

城DATA

別名	秋山城、神楽岡城
築城年	南北朝時代?
築城者	秋山氏
主な城主	秋山氏、加藤氏、福島氏など
現存遺構	石垣、堀切
復元遺構	

アクセス 榛原駅からバス15分、徒歩20分

関連史跡施設
春日神社

創建は不明だが、奈良の春日大社を勧請したものと考えられている。宇陀松山城と城下町の縄張りを書き記した「阿紀山城図」という絵図によると、城下から城へ向かう大手道は、西口関門から春日門を経て、いったん春日神社境内を通って城へ向かう構造になっていることから、神社が城郭の一部としての機能を有していたものと推測されている。参道の左右には武家屋敷が建ち並び、本殿は城を思わせる高い石垣の上に鎮座する独特の造り。

まだある名城 柳生城（奈良県奈良市柳生町）剣術で知られる柳生氏の城。山腹の芳徳寺の境内の一部にも土塁が残っている。

郡山城（こおりやまじょう）

奈良県大和郡山市城内町

戦国を巧みに生き抜いた筒井氏の拠点

主な史実：郡山城の戦い（1570～1571・1615）

見学1時間／駅から10分以内／天守なし／無料／平山城

関連史跡施設
稗田（ひえた）の環濠集落
中世戦乱の頃に築かれた環濠集落の代表例。外敵を防ぐため、集落外側に巡らせた堀がほぼ完全な形で残る。内部の道も袋小路やT字路など、防御に適した構造。

ダイナミックかつ技巧的

毘沙門曲輪＆本丸両石垣
右側が本丸。あまりの堀幅と驚異とともに脅威を感じざるを得ない。仮に堀を無事に渡りきったとしても、この石垣を登ってゆくのは至難の業。

必見!!

城DATA
別名	雁陣之城
築城年	応保2年（1162）、天正8年（1580）
築城者	郡山衆・筒井順慶（じゅんけい）
主な城主	筒井氏、豊臣氏、水野氏、柳沢氏
現存遺構	石垣、堀
復元遺構	追手向櫓、東櫓、追手門

アクセス：近鉄郡山駅から徒歩7分

水堀と復元された追手向櫓
往時は追手門を守る「大手先長（うしとら）隅櫓」が建っていたが、現在あるのは再建「追手向櫓」。

必見!!

多聞山城（たもんやまじょう）

奈良県奈良市法蓮佐保山

天守と多門櫓はこの城から生まれた

見学30分以内／駅から30分以内／天守なし／無料／平山城

関連史跡施設
東大寺大仏殿
1567（永禄10）、松永久秀と三好三人衆が争った際、大仏殿と大仏頭部を焼失。その後長く荒廃していたが、江戸幕府の援助で宝永6年（1709）にようやく再建。

大堀切
城跡が中学校になっている多聞城は、ほぼ往時の姿を留めていないが、丘陵地を切断した堀切跡が現在は学校の外側の道路として使われている。

乱世の梟雄のきめ細やかな配慮

必見!!

城DATA
別名	多聞城
築城年	永禄3年（1560）
築城者	松永久秀
主な城主	松永久秀、松永久通、塙直政
現存遺構	土塁、空堀
復元遺構	

アクセス：奈良駅からバス3分、徒歩10分

土塁
シンプルだが基本に忠実。まるで城造りの教科書的な、初心者でもわかりやすい形状。

必見!!

まだある名城：信貴山城（奈良県平群町）木沢長政、松永久秀の居城となった。謀反を起こした久秀が織田信長に攻撃され、落城。

| 見学2時間 | 駅から30分以内 | 天守なし | 無料 | 山城 |

主な史実 一向一揆衆大和国侵攻（1532）

高取城
たかとりじょう

奈良県高市郡高取町高取

天下人の弟が築いた日本三大山城の一つ

山中に想像を絶する遺構あり

必見!!

最上部の天守台高石垣
標高583m、比高350mの高取城。曲輪が連なる連郭式の山城で、1番上にそびえる天守台を支えているのが打込接の見事な高石垣。反りの少ない積み方で、建物は残っていないが、最上部からは奈良盆地や大峰の山々が一望できる。

必見!!

本丸を守る十五間多聞
本丸の一段下には、正面に十五間多聞、側面に新櫓と太鼓櫓を配した馬出曲輪があった。明治5年（1872）の廃城時、櫓のほとんどが撤去されたが、石垣はほぼ完全な状態。

必見!!

二の丸へ続く大手門
北側に広がる城下、あるいは西側の壺阪口から三の丸を経て、主郭への入口にあたるのが大手門。二の丸下の大規模な枡形虎口で、威圧的な石垣も今では苔むして、古城の風情を醸し出している。

城DATA

別名	芙蓉城
築城年	（元弘2年［正慶元年］）頃、天正13年（1585）
築城者	越智邦澄、本田利朝
主な城主	越智氏、本多氏、植村氏
現存遺構	天守台、堀、井戸、石垣
復元遺構	

アクセス 壺阪山駅から車15分

関連史跡施設
植村家長屋門

城と城下町を結ぶ土佐街道には、かつての面影を伝える古い建物が多い。なかでもひときわ存在感があるのが、旧高取藩筆頭家老の屋敷。奈良県の重要文化財で、現在は旧藩主植村家の住宅として使用されている。江戸末期、文政9年（1826）の建築で、一重入母屋造り本瓦葺き。腰回りに海鼠壁を巡らせ、城郭建築を思わせる威風堂々たる姿は、近代武家屋敷の遺構として貴重。土佐街道沿いには、武家屋敷の田塩邸、高取城から移築された松ノ門もある。

まだある名城　二上山城（奈良県葛城市當麻町加守）大和国と河内国の国境に位置する標高517mの山城。楠木正成の築城とされるが定かではない。

二条城（にじょうじょう）

京都府京都市中京区二条通堀川西入二条城町541

室町から江戸まで将軍家ゆかり

|見学1時間|駅から10分以内|天守なし|有料600円|平城|

主な史実 大政奉還（1867）

必見!! やんごとなき雰囲気にあふれる

関連史跡施設 豊国神社
国宝の唐門は元をたどると、二条城にあったと伝わるもの。南禅寺塔頭・金地院に下賜されたが、明治初期に同神社が再建される際、移築されることになる。

二の丸御殿（内部）
豪華な武家風書院造りで、唐門の中は車寄、式台、大広間など6棟が雁行に並ぶ。15代将軍・慶喜（よしのぶ）が諸藩の重臣を集め、大政奉還を発表したのがこの大広間。

必見!! 堀に面した西南隅櫓
築城時に造られた隅櫓のうち、北側2つは焼失し、現在残るのは西南と東南の2カ所。

城DATA
別名	元離宮二条城
築城年	慶長6年（1601）、寛永3年（1626）
築城者	徳川家康、徳川家光
主な城主	徳川氏
現存遺構	御殿、櫓、門、石垣、堀、庭園
復元遺構	

アクセス 二条城前駅から徒歩5分

山崎城（やまざきじょう）

京都府大山崎町大山崎天王山

本能寺の変後の歴史を決めた"天王山"

|見学1時間|駅から1時間以内|天守なし|無料|山城|

主な史実 山崎の戦い（1582）

天下の行く末を決めた地

関連史跡施設 山崎合戦古戦場碑（天王山夢ほたる公園）
山麓を流れる円明寺川（小泉川）を挟んだ一帯が山崎の戦いの主戦場。現在は天王山夢ほたる公園として整備され、「山崎合戦古戦場」の碑が建っている。

旗立松展望台からの眺望
天王山の中腹にある。山崎の戦いの舞台となった木津川・宇治川・桂川の三川合流点が一望。布陣図などを示した解説版もある。

必見!! 麓から見上げる天王山
天王山は、京と西国を結ぶ街道を見下ろす山。低山ながら、交通の要衝を抑えている。

城DATA
別名	鳥取尾山城、天王山城、天王山宝寺城、宝寺城、山崎宝寺城、宝積寺（ほうしゃくじ）城
築城年	南北朝時代以前
築城者	林直弘
主な城主	林直弘、薬師寺国長、細川晴元、豊臣秀吉
現存遺構	天守台、櫓台、土塁、空堀、井戸、竪堀
復元遺構	

アクセス 山崎駅から徒歩40分

まだある名城 勝龍寺城（京都府長岡京市勝竜寺）土塁、空堀や、復元された櫓などが見られる。戦国期には重要拠点とされた。

周山城 しゅうざんじょう

明智光秀が丹波攻略の拠点とした

京都府京都市右京区京北周山町城山

石垣の用法がオンリーワン

必見!! 主郭西の曲輪群
数mの幅のある尾根の両側を石垣と土塁で盛り上げ、堀底道のようになっている独特の造り。他の城ではあまり見かけない。

必見!! 高石垣
本丸奥には石垣が良好な状態で残る。比較的小ぶりな石を大量に用いた野面積。高さは4〜5mはあるだろう。

必見!! スロープ下曲輪の虎口
盛り上がった部分の間が城の入口。この第一関門を突破しても、奥に急勾配のスロープが待つ。

城DATA

別名	―
築城年	天正7、8年(1580)頃
築城者	明智光秀
主な城主	明智光秀
現存遺構	石垣、土塁
復元遺構	―

アクセス 京都駅からバス1時間20分

関連史跡施設
慈眼寺（じげんじ）

曹洞宗・永林寺の末寺で、創建は不明。現在の釈迦堂は、明智光秀が周山城の近くに創建した密厳寺から移築したもの。山崎の戦いに敗れた光秀が山科・小栗栖（おぐるす）で落命したとの報を得た弟・光春は、明智氏の本拠である坂本城に火を放ち、莫大な軍用金を持って兄が造った周山の密厳寺へと落ち延びた。その際、周山城築城の際に働いた地元民や家来らに金を分け与え、残りは、明智家再興を期して近くの山中に埋めたという埋蔵金伝説が残っている。

まだある名城 八木城（京都府南丹市八木町本郷）キリシタン武将の内藤ジョアンが布教の拠点としたことで有名。丹波三大城郭のひとつ。

福知山城 ふくちやまじょう

京都府福知山市内記5

光秀が縄張りした山陰道の玄関口

| 見学1時間 | 駅から30分以内 | 復元天守 | 無料 | 平山城 |

丹波一国をここから指令

関連史跡施設
御霊（ごりょう）神社
宝永年間（1704〜1711）に福知山藩主・朽木種昌が明智光秀の霊を合祀。神社名の標柱上部に明智家の家紋「桔梗」が記され、頼山陽作の漢詩「本能寺」の碑も。

必見!! 絵図から復元した天守
明智光秀が丹波平定に際して築いた、当時の城郭建築の粋を集めた3層4階の天守が建っていたが、明治の廃城令で破却。現在のものは昭和61年（1986）の再建。

必見!! 転用石を使った石垣
野面積の天守台には、大量の五輪塔や宝篋印塔、石仏などの転用石が使われている。

🏯 城DATA 🏯
別名	横山城、龍ヶ城、竜ヶ城、臥龍（がりゅう）城、八幡城
築城年	天正7年（1579）
築城者	明智光秀
主な城主	明智氏、朽木（くつき）氏
現存遺構	石垣、井戸、門
復元遺構	大天守、小天守、釣鐘門

アクセス 福知山駅から徒歩15分

田辺城 たなべじょう

京都府舞鶴市南田辺15-22

500対1万5000の劣勢を耐え抜く

| 見学1時間 | 駅から10分以内 | 天守なし | 無料 | 平城 |

主な史実 田辺城の戦い（1600）

名家・細川氏ゆかり

関連史跡施設
明倫（めいりん）館
城跡公園西側の明倫小学校は、かつての藩校・明倫館跡。丹後田辺藩の三代藩主・牧野英成が開設した学問所が始まり。明倫小学校の正門は藩校時代のもの。

必見!! 東半分が残る天守台
天守台の石垣は東半分に相当する部分のみが現存。野面積で、細川時代は水堀に囲まれていたが、後の京極・牧野時代には本丸の石垣と連結された。

必見!! 舞鶴公園入口の大手門
田辺城址は舞鶴公園として整備、城門櫓は模擬建築で、2階が歴史資料館になっている。

🏯 城DATA 🏯
別名	舞鶴城
築城年	天正7年（1579）
築城者	細川藤孝
主な城主	細川氏、京極氏、牧野氏
現存遺構	石垣、堀、庭園
復元遺構	櫓、門、塀

アクセス 西舞鶴駅から徒歩10分

まだある名城 黒井城（京都府舞鶴市南田辺）関ヶ原の戦い時は東軍につき、1万5000の大軍を500の兵で50日も持ちこたえる。

| 見学2時間 | 駅から10分以内 | 復興天守 | 有料600円 | 平山城 |

主な史実 大坂冬の陣(1614)／大坂夏の陣(1615)

大坂城
おおさかじょう

二人の天下人が重要視した日本有数の巨城

大阪府大阪市中央区大阪城1-1

今も天下の台所のシンボル

必見!!
豊臣＆徳川コラボの天守
徳川幕府が築造した天守台の上に、豊臣時代の姿を参考に、日本初の鉄筋コンクリートの復元天守を建造。国の登録有形文化財。外壁の白は徳川時代、黒は豊臣時代の姿がモデル。

必見!!
西の丸西南隅の千貫櫓
西の丸庭園の西南隅に位置し、位置的には大手門を防御するための重要な櫓。千貫櫓の名は、織田信長の石山本願寺攻めからきており、秀吉の大坂城にも徳川大坂城にもあったもの。

必見!!
大坂城最大の石・蛸石
大坂城の石垣に使われている石は巨大なものが多く、西日本各地の大名が競って運んだとされている。中でも、本丸入口の桜門を入ったところにある「蛸石」が最大で、畳36畳敷もの大きさ。

城DATA

別名	錦城、金城
築城年	天正11年(1583)、元和6年(1620)
築城者	豊臣秀吉、徳川家康
主な城主	豊臣氏、奥平氏、徳川氏
現存遺構	櫓、門、石垣、堀
復元遺構	天守

アクセス 大阪城公園駅からすぐ

関連史跡施設
秀吉時代の石垣遺構

現在の大阪城に残る石垣は、大坂夏の陣で落城した「豊臣大坂城」の遺構を埋め立てた上に築城された徳川時代のもの。豊臣時代に築かれた石垣は現在の大阪城公園で見ることはできないが、周辺エリアの発掘調査や、ビル建設の基礎工事に伴って発見されたものが、数か所で保存展示されている。大阪城公園の北西にある「ドーンセンター」前では、21mに渡る野面積みの石垣がある。近隣の日経新聞大阪本社、追手門学院小学校にもある。

まだある名城 池田城（大阪府池田市城山町）五月山南麓の丘陵に建ち、池田氏が居城とした。現在は池田城跡公園として整備されている。

【見学2時間】【駅から1時間以上】【天守なし】【無料】【山城】

主な史実 飯盛城の戦い（1532）

飯盛山城 いいもりやまじょう

大阪府大東市北条・四条畷市南野

戦国初期に畿内を制した三好長慶の居城

関連史跡施設
三好長慶銅像
甲冑姿で出陣を号令する、躍動感あふれる銅像が大東市役所前に立つ。江戸末期～明治中期の浮世絵師・歌川芳虎が描いた「大日本六十余将」の絵図がベース。

必見!!
崩れゆく石垣から往時を偲ぶ

ひっそり残る中世の石垣
三好長慶の居城だった飯盛山城は巨大な縄張りが特徴。二の丸付近の石垣は横に長く残っていて、見応えが充分。坂の上部にあり、足場が悪いので注意が必要だ。

🏯 城DATA
別名	飯盛城
築城年	建武年間（1334～1338）
築城者	佐々目憲法?、木沢長政?
主な城主	木沢長政、安見宗房、三好長慶、三好義継
現存遺構	石垣、竪堀、堀切
復元遺構	

アクセス 四条畷駅または野崎駅から徒歩1時間

必見!!
大阪を一望する二の丸
大阪市街が見渡せる。戦国時代は、城下や周辺の状況を把握するのに役立っただろう。

【見学2時間】【駅から1時間以内】【天守なし】【無料】【山城】

主な史実 芥川山城の戦い（1568）

芥川山城 あくたがわさんじょう

大阪府高槻市原

三方の渓谷と断崖に守られた堅城

関連史跡施設
霊松寺（れいしょうじ）
三好長慶が芥川山城から飯盛山城に移った際、息子・義興が城主となったが、3年後に22歳の若さで没。その墓とされる「三好のカンカン石」が境内にある。

野面積の堅塁で守りを固める
必見!!

大手門石垣
追ヶ谷と呼ばれる坂が急な大手道の中腹に残る石垣は、芥川山城最大の見どころ。巨大な石を積み上げており、迫力満点だ。三好時代のものと考えられる。

🏯 城DATA
別名	芥川城、原城、三好山城
築城年	永正2年（1515）?
築城者	細川高国
主な城主	能勢氏、細川晴元、三好氏、和田惟政、高山氏
現存遺構	堀切、石垣、土塁、土橋
復元遺構	

アクセス 高槻駅からバス18分、徒歩30分

必見!!
山腹に連なる曲輪群
三好山登り口から細い道を歩くと、山道を見下ろすように築かれた曲輪が次々と現れる。

まだある名城 高槻城（大阪府高槻市城内町）和田氏の後にキリシタン大名である高山右近が拠点とした。築城は正暦年間とされる。

見学2時間	駅から1時間以内	天守なし	無料	山城

主な史実 千早城の戦い（1333・1392）

千早城
ちはやじょう

大阪府南河内郡千早赤阪村

稀代の戦上手・楠木正成が祀られる

名将の計略も城あってこそ

関連史跡施設
伝・楠木正儀（まさのり）墓

楠木正成の三男、楠木正儀の墓と言い伝えられている石塔が、金剛山の登山道脇にひっそりとたたずんでいる。地元では「楠公首塚」という通称でも呼ばれている。

必見!!

聖域となった遺構
千早神社本殿の後方には、こんもりと盛り上がった櫓台跡がある。木々が茂り、全体像は把握しにくい。神社にとって神聖な場所なので現在は立ち入り禁止。

城DATA
別名	楠木詰城、金剛山城、千早の詰め城、千早のかくれ城
築城年	南北朝時代
築城者	楠木正成
主な城主	楠木氏
現存遺構	空堀
復元遺構	

必見!!
三の丸入口の石段
神社へ続く参道は、今でこそ整備されているが、当時は深い堀切だったと思われる。

アクセス 河内長野駅からバス40分

見学30分	駅から1時間以上	天守なし	無料	山城

主な史実 赤坂城の戦い（1331）

上赤坂城
かみあかさかじょう

大阪府南河内郡千早赤阪村上赤坂

南朝の拠点として楠木正成軍が籠城

V字の落差で敵を翻弄する

関連史跡施設
楠公誕生地

大阪府南河内郡千早赤阪村の「千早赤阪村郷土資料館」に隣接した場所。大久保利通が建立した石碑が建つ。すぐ近くには、楠公産湯（うぶゆ）の井戸もある。

必見!!

土壁が威圧する細道
本丸に続く道は細い切り通しになっており、攻め入るには1列になるしかない。中でも途中の三の木戸は両端の土壁が非常に高く、圧倒的な存在感を放っている。

城DATA
別名	
築城年	南北朝時代
築城者	楠木正成
主な城主	楠木氏
現存遺構	堀切、竪堀
復元遺構	

必見!!
そろばん橋
当時は木橋が架けられており、ここまできた幕府軍を揺さぶり落としたという。

アクセス 河内長野駅からバス1時間10分

まだある名城 尼崎城（兵庫県尼崎市北城内）山陽道から畿内への要所。石垣と土塀が復元。かつては川に挟まれた水城だった。

岸和田城（きしわだじょう）

大阪府岸和田市岸城町9-1

敵を狙い打つ狭間を巡らせ守りは完璧 太平の世になお堅い守り

アイコン
見学1時間 / 駅から10分以内 / 復興天守 / 有料300円 / 平城

関連史跡施設
岸城（きしき）神社
古くから地元の信仰篤い社で、だんじりで名高い岸和田祭発祥の神社。岸和田城の城域拡大に伴って、城内に取り込まれた。歴代の藩主からも厚い崇敬を受けた。

必見!! 弓鉄砲狭間
城壁の随所に設けられていた狭間は、城内で合計なんと926カ所もあった。

必見!! 全国でも希少な犬走り
内堀の内側にある石垣には、全国的にも珍しい「犬走り」が設けられている。石垣の補強ともいわれているが、防衛上の弱点となるため設置事例は少ない。

城DATA

別名	岸ノ和田城、滕城、蟄亀利［千亀利］城
築城年	応永年間（1394～1428）
築城者	信濃泰義？
主な城主	小出氏、岡部氏
現存遺構	石垣、堀
復元遺構	天守、櫓、門

アクセス 蛸地蔵駅から徒歩10分

洲本城（すもとじょう）

兵庫県洲本市小路谷1272-2

山道の斜面を覆う登り石垣は必見

アイコン
見学1時間 / 港から10分以内 / 模擬天守 / 無料 / 平山城

主な史実 淡路討伐（1581）

関連史跡施設
淡路文化史料館
戦国時代の山城の麓に、江戸時代、政庁として平城が造られていた。現在は裁判所、税務署、文化史料館があり、自然・文化・歴史に関する展示が見られる。

必見!! 登り石垣
全国3カ所しか現存しない「登り石垣」は必見スポットで、巨石を積み上げた迫力ある姿。東西にあるうち、東側は保存状態があまりよくないので注意が必要。

日本ではないような独特さ

必見!! 迫力ある本丸大石段
本丸南側の虎口へと登る石段。幅が広く、頑強な造りは写真映えも抜群だ。

城DATA

別名	三熊城
築城年	室町時代後期?、大永6年（1526）？
築城者	安宅治興（あたかはるおき）
主な城主	安宅氏、仙石氏、脇坂氏、藤堂氏、池田氏、蜂須賀氏
現存遺構	天守台、石垣、堀
復元遺構	天守

アクセス 洲本港から車10分

まだある名城 伊丹城（兵庫県伊丹市伊丹）荒木村重が居城とした平城。織田軍により落とされ、その後豊臣領となった。

| 見学2時間 | 駅から30分以内 | 現存天守 | 有料1000円以下 | 平山城 |

姫路城
ひめじじょう

兵庫県姫路市本町68

個性派の各門を抜けて美しき天守へ

平成の大改修でさらに美麗に

必見!!
メインは連立式天守群
5重6階の大天守と3つの小天守、それらをつなぐ渡り櫓で構成された天守群。白鷺城の名にふさわしい優美な外観だが、集中砲火を浴びせかけることを想定した構造。大天守の地下には籠城戦に備えた流しや厠も備えられている。

必見!!
菱の門
城の中核ゾーンへの入口にあたり、ここから内部は戦を想定した造りだが、この門は金の飾り金具で装飾を施すなど、華麗な意匠。城郭建築ではほかに類を見ない絢爛豪華な建物になっている。

必見!!
城内最強「は」の門
「い」「ろ」と比べると、防衛力が格段に高い鉄壁の守りを備えた門。いざというときには扉の内側を巨石でブロックできる仕組みになっているほか、2重3重の防御システムが組み込まれている。

城DATA

別名	白鷺城
築城年	天正8年(1580)、慶長6年(1601)
築城者	羽柴秀吉、池田輝政
主な城主	池田氏、本多氏、松平氏、榊原氏、酒井氏
現存遺構	大天守、小天守、イ〜カほかの櫓、い〜ぬほかの門、土塀、石垣、堀、土塁
復元遺構	大手門、桜門橋

アクセス 姫路駅から徒歩20分

関連史跡施設
日本城郭研究センター
姫路城の北東側に位置し、兵庫県立歴史博物館、姫路市立美術館などが並ぶエリアにある。国内外の城郭の総合的な調査研究を目的とする城учет研究室と、中央図書館の機能を持つ城内図書館からなる、ユニークな複合施設。江戸後期に姫路藩主であった、酒井家に伝わる「酒井家文書」を始めとする古文書や写真資料等の収蔵保管のほか、城郭研究に関する刊行物の発行も行っている。市民セミナーや、姫路城の現地見学会なども実施している。

まだある名城 龍野城(兵庫県たつの市龍野町上霞城) 鶏籠山の山城と脇坂氏が築城した麓の新城の二期に分かれる。城門が寺院に移築。

見学2時間 / 駅から10分以内 / 天守なし / 無料 / 平山城

明石城 あかしじょう
兵庫県明石市明石公園1-27

高石垣の両脇にそびえる美麗なる櫓

並び立つ現存櫓が絵になる 必見!!

関連史跡施設 両馬川旧跡
源平合戦で平忠度（ただのり）が討死した場所と伝わる忠度塚、腕塚（うでづか）神社のあたりは、かつて両馬川が流れていた。明石城の東の外郭と推測。

巽櫓と坤櫓
南側城壁の両端に建つ巽（たつみ）櫓・坤（ひつじさる）櫓は、いずれも築城当時に船上城、伏見城から移築されたもので、江戸初期の特徴を備える。

必見!! 坤櫓の石垣
わずかに曲がりながら伸びる、櫓と一体化した美しすぎる輪郭。

城DATA
別名	喜春（きはる）城、錦江（きんこう）城
築城年	元和5年（1619）
築城者	小笠原忠真（ただ／ざね）
主な城主	小笠原氏、松平［戸田］氏、大久保氏、松平［藤井］氏、本田氏、松平［越前］氏
現存遺構	巽櫓、坤櫓、石垣、堀
復元遺構	塀

アクセス 明石駅から徒歩約5分

見学1時間 / 駅から30分以内 / 天守なし / 無料 / 平城

主な史実 元禄赤穂事件（1701〜1702）

赤穂城 あこうじょう
兵庫県赤穂市上仮屋1424-1

忠臣蔵の四十七士が従った浅野家の居城

江戸一番の物語の舞台 必見!!

関連史跡施設 大石良雄仮寓地跡
元禄赤穂事件の後、城内の屋敷を引き払って山科へ移るまでの二か月余りを過ごした。城からは千種川の対岸に位置し、海峡を意味する「おせど」とも呼ばれている。

入口防備の三ノ丸隅櫓
赤穂城の玄関にあたる、三の丸大手門の北側に建つ2重櫓。大手門を監視する到着櫓としての役割を担ってきた、この城の防備の要。

必見!! 本丸厩口（うまやぐち）門
浅野家時代には厩口門、森家時代には台所門と呼ばれた。

城DATA
別名	加里屋城、大鷹城
築城年	正保4年［慶安元年］（1648）
築城者	浅野長直
主な城主	浅野氏、永井氏、森氏
現存遺構	石垣、堀
復元遺構	櫓、門、庭園

アクセス 播州赤穂駅から徒歩15分

まだある名城 利神城（兵庫県佐用町平福）標高373mの利神山に築かれ、三層の天守を備え雲突城とも呼ばれた。崩壊のため立入禁止、遠望のみ。

置塩城 おじおじょう

兵庫県姫路市夢前町宮置

九十九折の山道の果てに広大な山城

| 見学3時間 | 駅から30分以内 | 天守なし | 無料 | 山城 |

主な史実 置塩城の戦い(1577)

山中深くに脅威の土木力　必見!!

関連史跡施設
櫃蔵（ひつくら）神社
置塩城の五代目城主となった赤松則房（のりふさ）が、羽柴秀吉に降伏して開城した際、城の守護神だった三柱のうちひとつを、城内から分祀したと伝わる。

二・三の丸間の堀切
城内でも最大の落差がある堀切。狭隘部のみならず、手前も急峻な斜面になっており、進行を食い止められているうちに、頭上から雨あられの攻撃にさらされる。

必見!!　二の丸から見下ろす
眼下は上の堀切の手前。落差は軽く10mはある。狭隘に滞留していると全滅の憂き目に。

城DATA
別名	藤丸城、小塩城
築城年	応仁年(1469)
築城者	赤松政則
主な城主	赤松氏
現存遺構	石垣、堀切、土塁
復元遺構	──

アクセス 姫路駅からバス30分

八上城 やがみじょう

兵庫県篠山市八上上高城山

叛旗を翻した波多野兄弟を光秀が制す

| 見学2時間 | 駅から30分以内 | 天守なし | 無料 | 山城 |

主な史実 八上城の戦い(1526・1552・1553・1555・1566・1578)

関連史跡施設
高城屋敷門
八上城内にあった屋敷門を、篠山城下の武家屋敷の門として移築。一間一戸、切妻造の薬医門で、創建は室町期。八上城唯一の残存建築物として、高い価値がある。

眼下に広がるのどかな原風景　必見!!

二の丸からの眺望
木立の隙間から、はるかかなたの田園風景を見晴らす。16世紀を通じて繰り返された攻城戦のたびに、波多野当主は、ここから城下を埋め尽くす敵軍を眺めていたのだろう。

必見!!　朝路池
曲輪が連なる尾根から少し下った位置にある。敵に見つかりにくく、水の手として好立地だ。

城DATA
別名	八上高城
築城年	永正5年(1508)
築城者	波多野元清
主な城主	波多野氏、前田茂勝
現存遺構	石垣、土塁、堀切、井戸
復元遺構	──

アクセス 篠山口駅からバス25分

まだある名城 篠山城（兵庫県篠山市北新町）江戸幕府の天下普請により築城。大書院が焼失したが平成12年(2000)に再建された。

主な史実　白旗城の戦い（1335・1499・1507）
　　　　　嘉吉の乱（1441）

白旗城
しろはたじょう

兵庫県赤穂郡上郡町赤松

大軍の攻撃に耐えた標高440mの要害

関連史跡施設　円心館
宝林寺境内にある資料館。赤松氏に関する資料のほか、円心の三男・赤松則祐（のりすけ）、その娘の千種姫、別法和尚の木像「赤松三尊像」も見学可能。

必見!!

尾根の堀切
ただでさえ幅狭の尾根道を断ち切る。1列でないと進めず、攻め手の意欲すら失わせる。

必見!!

山頂からの眺望
麓から山頂までは約1時間ほど。谷間を抜け、細尾根をたどりやっとたどりつける。新田義貞率いる6万の大軍を50日も食い止めたのもなるほど、と思わせる。

城DATA
別名	白旗山城
築城年	元弘3年、正慶2年〜建武5年、延元3年、南北朝時代（1333〜1336）頃
築城者	赤松則村
主な城主	赤松氏
現存遺構	土塁、石垣、堀切、井戸
復元遺構	

アクセス　河野原円心駅から徒歩30分

主な史実　上月城の戦い（1577・1578）

上月城
こうづきじょう

兵庫県佐用郡佐用町寄延

"われに七難八苦を"山中幸盛の夢敗れたり

関連史跡施設　上月歴史資料館
上月城や利神城など、佐用町内の山城跡の詳細縄張図や、上月城を巡る織田氏と毛利氏の争いに関するパネル展示などが見られる。土〜月曜、祝日のみ開館。

必見!!

赤松正範の慰霊碑
本丸跡に建つ。毛利家につき最前線を守るも、秀吉率いる大軍に攻められ自害。自らの首を差し出し部下を救おうとするも、受け入れられず城内は皆殺しに。

赤松・尼子の二つの名家の悲話が伝わる

必見!!

西奥の堀切
城内最大の堀切。ここを越えても急勾配が待っているため、突破には多大な犠牲を要する。

城DATA
別名	
築城年	延元3年［暦応元年］
築城者	上月景盛
主な城主	上月氏、赤松氏、尼子氏
現存遺構	土塁、堀切
復元遺構	

アクセス　上月駅から徒歩20分

まだある名城　此隅山城（兵庫県豊岡市出石町）全盛期の山名氏は大きな勢力を誇り、応仁の乱ではこの城に2万以上の兵が集ったという。　106

| 見学2時間 | 駅から30分以内 | 天守なし | 有料500円 | 山城 |

主な史実 ▶ 竹田城の戦い（1577）

竹田城
たけだじょう

雲海に浮かぶ美しすぎる総石垣の山城

兵庫県朝来市和田山町竹田古城山169

奇跡の石垣群が山上一帯を埋める

必見!!
南側守備の要・南千畳
山頂の本丸から3方向に伸びる尾根上に、南千畳曲輪・北千畳曲輪・花屋敷曲輪があり、それぞれ本丸から20m低い331mで高さが揃っている。「虎臥城」の名はこの形状に由来しており、南側を固める南千畳が最も大きな規模となっている。

必見!!
観音山の石切場
尾根伝いに続いている観音山には、明らかに人工的に切り出された巨石が残存。大量の石の産地はこことも。

必見!!
防御堅い三ノ丸の虎口
北千畳から三の丸へ向かう入口に大手門が置かれており、枡形虎口となっている。通路には比較的幅の広い石段が造られているが、かなり傾斜が強く、非常に防御性の高い構造といえる。

城DATA

別名	虎臥（とらふす）城、安井ノ城
築城年	嘉吉年間（1441～1444）、天正13年～慶長5年（1585～1600）
築城者	山名宗全?
主な城主	太田垣氏、桑山氏、赤松氏
現存遺構	石垣、堀、井戸
復元遺構	

アクセス　竹田駅から徒歩25分

関連史跡施設
立雲峡（りつうんきょう）

「天空の城」「日本のマチュピチュ」とも称される、雲海に浮かぶあまりに絵になる絶景で一躍有名になった竹田城。その撮影スポットが、城下町を挟んで反対側の山の中腹にある展望所。雲海が見られる可能性が高いのは、9月下旬～4月上旬頃にかけての早朝。昼夜の温度差が大きく、放射冷却が起きる日が最も条件がよいとされる。周辺には無数の奇岩・巨岩が点在し、樹齢300年を超える桜の巨樹もあり、花見の名所としても知られている。

まだある名城　八木城（兵庫県養父市八鹿町）土城山と、そこから離れたところに新しく築かれた城山がある。立派な高石垣が現存。

出石城（いずしじょう）

兵庫県豊岡市出石町内町

山名氏の城跡一部に近世城郭を構える

見学	1時間
駅から	30分以内
天守	なし
	無料
	平山城

主な史実 仙石騒動（1824〜1835）

雅なる姿が町並にも似合う

関連史跡施設　出石家老屋敷
出石城下で唯一現存する江戸時代の武家屋敷。家老級の武士の住まいで、白亜の土塀と長屋門の構え。書院造の母屋には、隠し階段など有事に備えた仕組みが見られる。

堅牢な二の丸の高石垣
登城門から緩やかな石段を登ってゆくと、苔むした二の丸の高石垣へ。遠方の山上には、但馬（たじま）山名氏が築いた有子山（ありこやま）城の遺構が眠る。

必見!!
模擬建造の本丸西隅櫓
往時は本丸西側に隅櫓はなく、多聞櫓が建っていた。石垣は現存で、普請時の刻印が残る。

城DATA
別名	高城
築城年	慶長9年（1604）
築城者	小出吉英
主な城主	小出氏、松平氏、仙石氏
現存遺構	櫓、石垣、堀
復元遺構	門、橋、模擬櫓

アクセス 豊岡駅からバス20分、徒歩5分

和歌山城（わかやまじょう）

和歌山県和歌山市一番丁3

御三家の権威を感じる遺構が多々残る

見学	2時間
駅から	10分以内
復元天守	
	有料 410円
	平山城

季節ごとにその趣を変える

関連史跡施設　御作事所跡
和歌山城南東に、築城時に現場事務所が設けられた場所の跡がある。「紀州の青石」と呼ばれる緑泥片岩を算出する石切り場でもあり、ここの石で石垣が組まれた。

大規模な連立式天守
大天守、小天守と天守群、櫓群が渡櫓によってつながる連立式で、姫路、松山と並ぶ日本三大連立式平山城の1つ。和歌山大空襲で焼失し、リアルに復元。

必見!!
元は大手門の岡田門
浅野時代は大手門だったが、後に搦手門に。元和7年（1621）の徳川頼宣による大改修時に再建された櫓門が現存している。

城DATA
別名	虎伏（とらふす）城、竹垣城
築城年	天正13年（1585）、慶長5年（1600）、元和5年（1619）
築城者	羽柴秀長、浅野行長、徳川頼宣（よりのぶ）
主な城主	豊臣氏、桑山氏、浅野氏、徳川氏
現存遺構	岡口門、追廻門、塀、庭園、石垣、堀
復元遺構	天守、大手門、一の橋、御橋廊下

アクセス 和歌山市駅から徒歩10分

まだある名城 有子山城（兵庫県豊岡市出石町）有子城、高城とも呼ばれる。羽柴秀吉に追われた山名祐豊が築き、またも秀吉に落とされた。

Special 02 岡峰光舟の極私的名城 ベスト10

1位 安土城 ……P86
（滋賀県近江八幡市安土町下豊浦）

2位 津和野城 ……P117
（島根県津和野町後田477-20）

3位 名護屋城 ……P149
（佐賀県唐津市鎮西町名護屋）

4位 岡城 ……P154
（大分県竹田市竹田2761）

5位 竹田城 ……P107
（兵庫県朝来市和田山町竹田古城山169）

6位 小谷城 ……P83
（滋賀県長浜市小谷郡上町）

7位 人吉城 ……P158
（熊本県人吉市麓町18-4）

8位 黒井城
（兵庫県丹波市春日町黒井）

9位 観音寺城 ……P87
（滋賀県近江八幡市安土町石寺）

10位 佐和山城 ……P85
（滋賀県彦根市古沢町）

今回のベスト10基準は、建物が残っていない石垣だけの城跡で選びました。基本山城が多いので行くのが大変！ けど登った後の達成感がいい！ そしてこういう城は観光客が限りなく少ないので往時に想いを馳せる環境としても最高です（竹田城は近年大人気になったためこの順位です（笑）。10年ぐらい前までは貸切状態だったのに）。あとは季節によって熊や蜂が出る城もあるのでしっかり情報収集して登城［登山］してください！

岡峰光舟
Kohshu Okamine

1979年、広島県生まれ。ロックバンドTHE BACK HORNのベーシスト。バンドのツアーの合間をぬって、6年半の歳月をかけ日本100名城を制覇する、自他共に認める"歴史好き"。FUJI ROCK FESTIVALやROCK IN JAPAN FESTIVAL等でのメインステージ出演をはじめ、2度の武道館ワンマンライブなど、日本を代表するバンドとして活動している。

- 松江城……115
- 月山富田城……116
- 吉田郡山城……125
- 米子城……114
- 羽衣石城……113
- 鳥取城……112
- 岩屋城……122
- 津山城……122
- 備中松山城……121
- 若桜鬼ヶ城……113
- 天神山城……120
- 福山城……123
- 岡山城……119
- 三原城……127
- 鬼ノ城……120
- 新高山城……126

第6章 中国の城 26

大内氏、尼子氏、毛利氏の三強が時代とともに勢力圏を増減させてゆく。そして織田家との決戦へ──。地方の戦国史を事前に学んで城を訪れるのがおすすめ。宇喜多氏や南条氏のような、いぶし銀の武家の城も見逃せない。

- 山吹城……118
- 浜田城……117
- 石見七尾城……118
- 津和野城……117
- 萩城……129
- 日野山城……126
- 勝山城……129
- 広島城……124
- 岩国城……127
- 高嶺城……128

| 見学2時間 | 駅から30分以内 | 天守なし | 無料 | 山城 |

主な史実 鳥取城の戦い（1573・1580〜1581・1600）

鳥取城 とっとりじょう

"飢え殺し"で知られる毛利×織田の最前線

鳥取県鳥取市東町

あらゆる角度から写真に収めたい

内堀越しの石垣＆山全景
鳥取城は久松山に築かれた城。戦国時代の山城と江戸時代の鳥取藩庁という、2つの顔を持つ。メインルートの大手登城路は、宝珠橋を渡り中ノ御門や太鼓御門を通る。

必見!!

天球丸
天球丸は、初代藩主・池田長吉の姉である天球院に由来する。巻石垣と呼ばれる球形の石垣は、鳥取城のみに見られる形状だ。曲輪の屋敷は享保5年（1720）の大火で焼失した後は再建されず、幕末には稽古場や貯蔵庫として使われた。

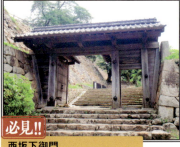

必見!!

西坂下御門
宝珠橋を渡って鳥取県立美術館などを過ぎた先にある。明治直前に建てられた鳥取城最後の建造物で、現在の門は昭和50年（1975）に復元されたものだ。

城DATA

別名	久松（きゅうしょう）城、久松山（きゅうしょうざん）城
築城年	天文年間（1532〜1555）、慶長7年（1602）、元和3年（1617）
築城者	山名誠通（のぶみち）、宮部継潤（けいじゅん）、池田長吉、池田光政
主な城主	武田氏、山名氏、吉川氏、宮部氏、池田氏
現存遺構	天守台、石垣、堀、井戸
復元遺構	門

アクセス 鳥取駅から徒歩25分

関連史跡施設
太閤ヶ平（たいこうがなる）

豊臣秀吉が鳥取城を攻める際に築いた陣。秀吉は鳥取城を攻略するために、城の東側の山頂に本陣を置き、兵糧攻めを行った。半年後、城主・吉川経家（つねいえ）は、自らの切腹と引き換えに、城兵の助命を願い開城を申し出た。陣は高低差4メートル以上の土塁で護られ、陣と陣を複数の空堀で結んだ防衛戦の長さは、トータルで700メートル以上にもなった。櫓台も設置されていたという。山中にh土塁や空堀はほぼ往時の姿を残している。

まだある名城 防己尾城（鳥取県鳥取市福井）天正年間の築城。湖山池に出た半島先端に位置。羽柴秀吉による鳥取攻めの際、兵糧攻めで落城した。

若桜鬼ヶ城 わかさおにがじょう

鳥取県若桜町三倉

因幡三名城に数えられる峻険なる要害

見学1時間／駅から30分以内／天守なし／無料／山城

山上に見事な石垣群

関連史跡施設 若桜神社
若桜鬼ヶ城の初代城主・矢部暉種（あきたね）創建と伝わり、若桜城主代々の崇敬を集めていた。南北朝期の名武将・名和長年が鉾を奉納したことでも知られる。

必見!!

戦国～近世の石垣群
総石垣による本丸、二の丸、三の丸は近世の造成。尾根先の城郭は中世のもの。2つの時代の城郭が融合している。高く積まれた二段構造の石垣は迫力がある。

城DATA
別名	鬼ヶ城、若桜城
築城年	正治2年（1200）以降
築城者	矢部暉種
主な城主	矢部氏、尼子氏、毛利氏、山崎氏
現存遺構	石垣、竪堀、櫓台
復元遺構	

必見!!
天守跡からの眺望
若桜宿南側に位置する標高452mの山上にあり、播磨・但馬両国に通じる街道が一望。

アクセス 若桜駅から徒歩20分

羽衣石城 うえしじょう

鳥取県湯梨浜町羽衣石

尼子・毛利間で巧みに生き抜いた南条氏の城

見学1時間／駅から1時間以内／模擬天守／無料／山城

主な史実 羽衣石城の戦い（1581・1582）

関連史跡施設 定光寺
羽衣石城城主であった南条家歴代の菩提寺。境内には、南条家一族のものと思われる宝篋印塔があり、南条元秋・南条元忠・南条元続の名が一つに彫られた墓石もある。

必見!!

本丸虎口
やや直線的で虎口としては技巧に欠けるが、巨石を配して上手く敵を防ぐようになっている。

ミステリアスなたたずまい

必見!!

羽衣石（はごろもいし）
山のほぼ中腹に、天女伝説の残る奇岩がある。真っ二つに割れた岩の隙間から木が天に向けて伸びる様は、まさしく天女の姿そのものといえる。

城DATA
別名	―
築城年	貞治5年（1366）
築城者	南条貞宗
主な城主	南条氏、尼子国久、毛利元経
現存遺構	石垣、井戸
復元遺構	天守

アクセス 倉吉駅から車30分

まだある名城 景石城（鳥取県鳥取市用瀬町用瀬）羽柴秀吉の鳥取城攻めで落とされ、家臣の磯部豊直が配置された。急峻な城山に建つ。

[主な史実] 米子城の戦い(1569・1571)

米子城
よなごじょう

山上を覆うバリエーション豊富な石垣群

鳥取県米子市久米町

明治初期までは天守が建っていた

必見!! 鉄御門虎口
上写真のポイントを抜けた先には頑強な虎口が待ち構えている。城の心臓部にたどりつくまで、幾重にも折れ曲がり一筋縄ではいかない。

必見!! 天守台と本丸石垣群
右上の最上段が天守台。段々になった腰曲輪には、往時は塀などもあっただろう。頭上からの攻撃にさらされながら、Z字に折れ曲がりながら登ることになる。

必見!! 内膳丸から本丸
正面奥が天守台がある本丸。内膳丸は別のピークで、本丸側と連携して敵を挟み撃ちに。

城DATA

別名	久米(くめ)城、湊山金城(みなとやまきんじょう)
築城年	不明
築城者	山名氏?
主な城主	山名氏、尼子氏、吉川氏、中村氏、加藤氏、池田氏
現存遺構	天守台、石垣
復元遺構	

[アクセス] 米子駅から徒歩15分

関連史跡施設
山陰歴史館

館内の展示は、米子城に関する資料が揃っている「米子城物語」と、近代の生活用具が並ぶ「なつかしの生活用具」で構成されている。前者では、嘉永5年(1852)に米子城が大修理された際に外された、高さ1m3cm、重量75kgもある四重櫓の鯱瓦(しゃちほこがわら)が一番の見どころ。この鯱瓦は、平成17年(2005)、米子市の指定有形文化財にも指定された。スクラッチタイルが印象的な建物は、昭和5年(1930)年築の旧米子市庁舎。

[まだある名城] 江美城(鳥取県江府町) 蜂塚氏により文明16年(1484)ごろ築かれたとされる。遺構がわずかに残り、天守を模した建物も。

松江城
まつえじょう

島根県松江市殿町1-5

山陰唯一の現存天守には室内に井戸が！

| 見学2時間 | 駅から10分以内 | 現存天守 | 有料560円 | 平山城 |

国宝の名に恥じぬ優美な姿

必見!! 現存唯一の正統天守閣
2重櫓の上に2重3階の望楼を乗せた望楼型天守。最上階は高欄を廻らせ、360度の眺望を確保。現存天守最大の木彫銅板張りの鯱を戴く。入口の防備を固める附櫓は、鉄延板貼の大戸を備え、中に枡形の小広場を2つ配した実践的な構造。

必見!! 穴蔵の間の井戸
天守閣の地階は「穴蔵の間」と呼ばれ、籠城用の生活物資を貯蔵していた。中央部には深さ24mもの深い井戸が掘ってあり、常時、飲料水を得ることができた。

必見!! 水堀
城の周囲を走る堀川めぐりの遊覧船に乗れば、国宝天守を別の角度から楽しめる。

城DATA

別名	千鳥城
築城年	慶長16年（1611）
築城者	堀尾忠氏
主な城主	堀尾氏、京極氏、松平氏
現存遺構	天守、石垣、堀、馬洗池
復元遺構	井戸屋、中櫓、一ノ門

アクセス 松江駅からバス10分

関連史跡施設
明々庵（めいめいあん）

茶道に造詣が深かった松江藩主7代目松平治郷（はるさと。通称「不昧（ふまい）公」）の命で、松江市殿町の有澤家本邸に建てられた茶室。治郷は不昧流茶道を大成させ、現在の松江のお茶文化、和菓子文化の礎を築いた人物。時代が下り、茶室は松江市から東京の原宿や四谷などに移築されたのち、昭和3年（1928）、松江市に帰属したが戦争により荒廃してゆく。しかし、昭和41年（1966）に松平不昧没後150年記念事業として修復された。

まだある名城 白鹿城（島根県松江市法吉町）月山冨田城を本城とする支城のうち、随一といわれた堅牢な城。毛利氏の進撃に備えた。

| 見学2時間 | 駅から30分以内 | 天守なし | 無料 | 山城 |

主な史実　月山富田城の戦い（1542〜1543・1565〜1566）

月山富田城
がっさんとだじょう

島根県安来市広瀬町富田

尼子六代の盛衰を見た山陰有数の巨大山城

山陰きっての"落とせない城"

必見!! 居住と見張りを兼ねた本丸
大堀切を隔てて本丸直下に位置する二の丸は、発掘調査の結果から、城主の居住空間であった可能性が高いと推測されている。城下はもとより、敵陣が敷かれた対岸の京羅木山（きょうらぎさん）や勝山、遠く日本海までも見渡せ、海路の監視も可能だった。

必見!! 2段に築かれた三の丸
山中御殿から七曲と呼ばれる急斜面を登り切ったところにあるのが三の丸。石垣は復元だが、古い様式の野面積みが採用されており、往時のたたずまいを伝えている。

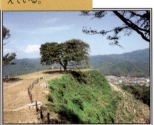

必見!! 山中御殿
菅谷口、塩谷口、御子守口の3登城口が集まる富田城の防御の要衝。3000㎡もの広大な広さをもつ曲輪で、3方を大石垣で囲み、左右両虎口に櫓を設けた堅固な造り。近世に入ると御殿が築かれた。

城DATA

別名	月山城、富田月山城
築城年	平安時代?（鎌倉時代とも）
築城者	不明、堀尾吉晴
主な城主	尼子氏、毛利氏、吉川氏、堀尾氏
現存遺構	石垣、堀切、井戸
復元遺構	石垣、侍所

アクセス　安来駅から車20分

関連史跡施設
洞光寺

明応年間（1492〜1501）創建と伝わる尼子氏の菩提寺。月山富田城の城主・尼子経久（つねひさ）が、亡父・清定を弔うため開基したのが始まりとされる。尼子経久は一度、居城である月山富田城を追われたことがある。その期間、現在の倉吉の定光寺住職のもとで参禅し、深く仏教に帰依した経験をもつ。その後、経久は文明18年（1486）に奇策を用いて城を奪還する。境内には、尼子経久・清定親子の墓所のほか、尼子氏歴代追悼碑も立っている。

まだある名城　三刀屋城（島根県雲南市三刀屋町古城）尼子十旗のうちのひとつに数えられ、天神丸城の別名も。諏訪部扶長の築城。

津和野城（つわのじょう）

島根県鹿足郡津和野町後田477-20

小京都を睥睨する急峻な山上に存す

見学1時間／駅から30分以内／天守なし／無料／山城

主な史実 三本松城の戦い（1554）
※リフト往復450円

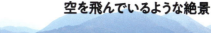
空を飛んでいるような絶景

関連史跡施設
嘉楽園（からくえん）
かつて自らの邸宅があった場所に、津和野藩主・亀井氏が造った庭園。園内に藩主が祭礼見学に用いた物見櫓も復元されている。

必見!!
人質櫓台より三の丸の眺め
高さ約10メートルの高石垣が残る人質櫓跡は本丸の南に位置している。関ヶ原の戦いの後に入城した坂崎直盛によって近世城郭へと大改修された。

必見!!
細い尾根上の三十間台
周囲を見渡せる標高367mの三十間台は、尾根の地形に沿って堅牢な石垣が残る。

城DATA

別名	一本松城、三本松城、石蕗（つわぶき）城
築城年	永仁3年（1295）
築城者	吉見頼行
主な城主	吉見氏、坂崎氏、亀井氏
現存遺構	天守台、石垣、空堀
復元遺構	

アクセス 津和野駅からバス5分、リフト5分、徒歩20分

浜田城（はまだじょう）

島根県浜田市殿町

巨石を頑強に積み上げた城門や石段が圧巻

見学1時間／駅から30分以内／天守なし／無料／平山城

主な史実 第二次長州征伐（1866）

芸術的ですらある石づくしの城

関連史跡施設
浜田郷土資料館
元和6年（1619）、初代藩主・古田重治が浜田城を築城して以来、4家18代248年間の藩史などの資料を展示している。

必見!!
二之門
石垣を贅沢に用いた浜田城の中でも、もっともそれが集中したスポット。まるで連なる山脈のように、いくつもの石垣が並び、行く手を阻む。

必見!!
三ノ丸下の石段
最大の防御ポイント。三方を石垣が囲む中をなんとか通り抜けなければ、城内の中心へと侵入できない。

城DATA

別名	亀山城
築城年	元和5年（1619）
築城者	古田重治
主な城主	古田氏、本多氏、松平氏
現存遺構	石垣、土塁
復元遺構	

アクセス 浜田駅から徒歩20分

まだある名城 二ツ山城（島根県邑南町鱒淵）石見国では七尾城の次に古い。西の峰に西の丸、東の峰に本丸が設けられている。

山吹城（やまぶきじょう）
島根県大田市大森町

世界一の産出量を誇った石見銀山を守る

 見学2時間 駅から1時間以内 天守なし 無料 山城

主な史実 忍原崩れ（1556または1558）、降露坂の戦い（1559）

関連史跡施設　石見銀山
当時、世界一の産出量を誇っていたともいわれる。大内、尼子、毛利の三家の間で争奪戦が繰り広げられた。山吹城は同銀山の防衛のため、大内氏が築城した。

真正面の山に銀山集落があった　必見!!

主郭から仙（せん）ノ山
仙の山は、石見銀山の間歩が残る山。山吹城は、石見銀山守護のために築かれ、要害山の山頂に主郭を置き、南北に縄張りを張っていた。

必見!!
空堀
主郭の南下側には大きな空堀が残る。南端の山腹には畝状竪堀も見られる。

城DATA
別名	要害山城
築城年	延慶年間（1309以降）
築城者	大内弘家
主な城主	刺賀（さすか）長信、本城常光
現存遺構	空堀、土塁、井戸、石垣
復元遺構	

アクセス 大田市駅からバス30分、徒歩30分

石見七尾城（いわみななおじょう）
島根県益田市七尾町

毛利氏に従い中国地方を転戦した益田元祥の城

見学30分 駅から10分以内 天守なし 無料 山城

関連史跡施設　医光寺
総門は、石見七尾城の大手門を関ヶ原の戦い後に移築し、竜宮造りに改築したものとされている。境内には、室町時代の画僧・雪舟を荼毘に付したという灰塚がある。

敵を絡めとる見事な縄張　必見!!

二の段から厩の段を望む
登城路は、右上奥からU字型になっている。そこを覆うように曲輪がぐるり。右中の谷間の井戸も必見。

必見!!
本丸裏の畝状竪堀群
本丸裏は大堀切が切られ、その先には数本（10数本?）の竪堀が、斜面一帯を覆いつくしている。

城DATA
別名	益田七尾城、益田城
築城年	建久4年（1193）
築城者	益田兼高
主な城主	益田氏
現存遺構	曲輪、堀切、井戸
復元遺構	

アクセス 益田駅から車10分

まだある名城 福光城（島根県大田市温泉津町福光）不言城の別名も。主郭の土塁や、居館跡の石積、番所跡と呼ばれる石積の段が残る。

岡山城

おかやまじょう

岡山県岡山市北区丸の内2-3-1

漆黒の天守は五角形の不思議な形状

| 見学1時間 | 駅から30分以内 | 復元天守 | 有料300円 | 平山城 |

その雄大さに心奪われる

必見!!
権威を象徴する天守
漆黒の輝きを放ち、独特の存在感を漂わせる天守閣は、宇喜多秀家が権威の象徴として建造したもの。全国でも珍しい不等辺五角形の天守台は信長の安土城を彷彿とさせ、絢爛たる天守閣のたたずまいは秀吉の大坂城を模したともいわれる。

必見!!
江戸期のままの月見櫓
本丸搦手に位置する一部地下付き塗籠造りの隅櫓で、風流な月見を装いつつ、武器庫や武者隠し、銃眼なども備えている。

必見!!
江戸期の西之丸西手櫓
本丸外周を固める帯曲輪、二の丸内屋敷の西側に位置する西の丸の西端を守備する隅櫓。塗籠造り、本瓦葺の2階建てで、1階部分と2階部分が同規模の「重箱櫓」という造りになっている。

城DATA

別名	烏城(うじょう)、金烏(きんう)城
築城年	大永年間(1521~1528)、永禄13[元亀元年](1570)、慶長2年(1597)
築城者	金光(かなみつ)氏、宇喜多直家、宇喜多秀家
主な城主	宇喜多氏、小早川氏、池田氏
現存遺構	櫓、石垣、堀
復元遺構	天守、門、塀

アクセス 岡山駅からバス10分、徒歩5分

関連史跡施設
後楽園

岡山藩の2代藩主・池田綱政が、政務の合間を過ごす場所として、家臣に命じて作らせたのがはじまり。綱政の時代には、園内に点在する建物の座敷から、眺望を楽しめるつくりを意識した作庭となっていた。3代藩主・池田継政の時代には、園内中央に山を築き、そのふもとに水路をめぐらせるなど、その時期ごとの藩主によって、さまざまにスタイルを変えていった。現在、水戸の偕楽園、金沢の兼六園と並んで、日本三名園のひとつとされている。

まだある名城 下津井城(岡山県倉敷市下津井)諸説あるが、宇喜多氏による築城が有力。天守台、石垣などが現存している。

| 見学2時間 | 駅から30分以内 | 天守なし | 無料 | 山城 |

主な史実　天神山城の戦い(1574)

天神山城
てんじんやまじょう

大河・吉井川を見下ろす尾根上に形成

岡山県和気町田土

鉄壁の守りを二重三重に

関連史跡施設
天瀬侍屋敷
天神山城の麓、石塁や石垣の段が造営されている。山腹の東側に上の壇、中の壇、下の壇、ぐるみの壇、土塁の壇と、いずれも広々としている壇が権勢をうかがわせる。

必見!!
急傾斜の先を守る石門
登るに困難な幅狭で急な道の先には、石門が設けられ、容易に突破できない構造に。残された巨石の数が多く、門は複数あったのではないかとも推定できる。

必見!!
目的が謎の「軍用石」
現地看板にはこう記されているが、状態や位置からすると、虎口的な役割を担っていたのではないだろうか。

城DATA
別名	―
築城年	天文元年～13年 (1532～1554)頃
築城者	浦上宗景
主な城主	浦上宗景
現存遺構	曲輪、石垣、井戸、堀切、侍屋敷
復元遺構	―

アクセス　和気駅から車15分

| 見学1時間 | 駅から1時間以内 | 天守なし | 無料 | 山城[古代山城] |

鬼ノ城
きのじょう

全国でも珍しい全体像のわかる古代山城

岡山県総社市黒尾1101-2

関連史跡施設
鬼城山ビジターセンター
鬼ノ城に関する資料を展示する資料館を併設している。城での発掘時のパネル写真や鬼ノ城西門の模型、映像などで、同城のことをより深く知ることができる。

必見!!
断崖に築かれた高石垣
すり鉢を伏せたような急峻な崖に囲まれた天然要害の地に、鉢巻状に城壁を巡らせてある。地形に応じて城内外へ折れた「屏風折れ」という形状が特徴。

険しい山上にそびえ立つ

必見!!
実物大復元の西門
城内の4つの城門のうち西門が復元されている。3重の木造、階上に兵士用の部屋あり。

城DATA
別名	鬼ノ城山
築城年	7世紀後半?
築城者	大和朝廷?
主な城主	不明
現存遺構	石垣、土塁、水門
復元遺構	門、石垣、土塁

アクセス　総社駅から車30分、徒歩10分

まだある名城　三石城(岡山県備前市三石)室町時代以後は浦上氏が代々居城とした。その後、天神山の支城として利用された。

| 見学2時間 | 駅から30分以内 | 現存天守 | 有料300円 | 山城 |

主な史実 備中松山城の戦い(1568)、備中兵乱(1574)

備中松山城 びっちゅうまつやまじょう

雲海に浮かぶ幻想的な現存天守

岡山県高梁市内山下1

名城の「絵になる」一場面

必見!!
現存天守としては最高所に立地
標高430mの臥牛山(がぎゅうざん)頂上に位置し、現存天守をもつ山城としては最も高い所に建つ。天和元年(1681)に藩主・水谷勝宗が修築したときの建物で、外観は3重櫓だが内部は2層2階。2階には3振の宝剣を御神体として祀っていた。

必見!!
岩盤と高石垣で防備
大手門北側。元の地形を活かした天然の岩盤上に高石垣が築かれ、枡形に造られた大手門周辺は強固な防御力を有している。

必見!!
再建された本丸南御門
門の左右に建つ五ノ平櫓、六ノ平櫓と併せ、平成6年(1994)から行われてきた本丸の復元整備の一環で再建されたもの。史実に基づき、土塀も含め往時の姿を甦らせている。

城DATA
別名	高梁(たかはし)城
築城年	延応2年[仁治元年](1240)、慶長10年(1605)頃、延宝9年[天和元年](1681)
築城者	秋庭(あきば)重信、小堀遠州、水谷勝宗
主な城主	秋庭氏、高橋氏、上野氏、庄氏、三村氏、小堀氏、池田氏、水谷氏、安藤氏、石川氏
現存遺構	天守、櫓、塀、石垣、土塁
復元遺構	大手門、本丸南御門、櫓、塀

アクセス 備中高梁駅からバス10分、徒歩20分

関連史跡施設
頼久寺(らいきゅうじ)
いずれも備中松山城主を務めた上野頼久、三村家親・元親、元親の子・勝法師丸の墓が並ぶ寺院。三村家親は、永禄9年(1566)に暗殺され、三村元親は天正3年(1575)に非業の死を遂げている。また勝法師丸はわずか8歳の若さで死没している。寺院の創建はよく分かっていないが、暦応2年(1339)、足利尊氏により再興されている。さらに永正年間(1504〜1521)になると、当時の備中松山城主だった頼久により寺観は一新した。

まだある名城 備中高松城(岡山県岡山市北区高松)羽柴秀吉の水攻めで有名。城主・清水宗治の切腹により講和が成立した。

津山城（つやまじょう）

岡山県津山市山下135

初代津山藩主の森蘭丸の弟・忠政が築いた

見学2時間／駅から30分以内／天守なし／有料300円／平山城

関連史跡施設：津山の城下町
津山城を築城した森忠政が造成。建設に着手してから実に60年が経った頃にようやく完成。城東むかし町家は、旧梶村邸。母家は江戸期、蔵は昭和初期の築。

美作きっての桜の名所

必見!! 津山城最大規模の櫓
天守跡の南東側、本丸南面に突出した石垣上に建つ一部1階建ての木造建築で、津山城の櫓の中で最も大きく、天守に次ぐ重要な役割をもつ櫓。

城DATA
別名	鶴山（かくざん）城
築城年	慶長9年（1604）
築城者	森忠政
主な城主	山名氏、森氏、松平氏
現存遺構	石垣、堀
復元遺構	備中櫓、塀

アクセス 津山駅から徒歩15分

必見!! 雄大さを物語る天守台
かつて123段の最上部に鎮座していた天守は、地上5階地下1階の初期層塔型。

岩屋城（いわやじょう）

岡山県津山市中北上

広大な山域各所で見られる土木の妙技

見学3時間／駅から1時間以内／天守なし／無料／山城

関連史跡施設：山王宮
登城路の途中、半分ほど登ったあたりで、三叉路を城と反対側に少し歩けば遠くにその姿が見えてくる。断崖絶壁にへばりつくように、小さな祠が祀られている。

曲輪を巧みに配し敵を防ぐ

必見!! 本丸より曲輪群を見下ろす
幅の広い谷間のようになった地形で、本丸とそれに連なる曲輪が馬蹄形に並ぶ。登ってくる敵を囲んで一網打尽にするにはうってつけの地形だ。

城DATA
別名	
築城年	永享13年［嘉吉元年］（1441）
築城者	山名教清
主な城主	山名氏、大河原氏、中村氏、蘆田氏、長船氏
現存遺構	土塁、石垣、堀切、竪堀、井戸
復元遺構	

アクセス 坪井駅から車20分

必見!! 二の丸北の大堀切
堀底に立ってみると、そのとんでもない落差におののく。二の丸先の尾根からの侵入を防ぐ。

まだある名城 高田城（岡山県真庭市勝山）14世紀末ごろ、地頭・三浦貞宗が築いた。美作の重要拠点でもあり、激しい争いの舞台になった。

| 見学1時間 | 駅から10分以内 | 復興天守 | 有料200円 | 平山城 |

主な史実 福山城の戦い(1868)

福山城
ふくやまじょう

広島県福山市丸之内1-8

戦後20年を経てかつての姿で復活した天守

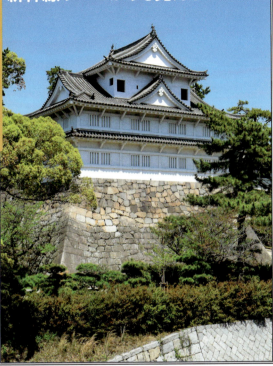

新幹線ホームからも見える

必見!!
桃山建築の伏見櫓
本丸南西の隅櫓で、京都・伏見城の松の丸東櫓を移築した、白壁3重の豪壮華麗な建築。伏見城の城郭建築の遺構として貴重なもので、国の重要文化財。2階の梁から、伏見城からの移築であることを証明する刻印が発見されている。

必見!!
元の姿を復元した天守
5重6階の層塔型天守に2重3階の付櫓が付属した複合式天守で、昭和41年(1966)に再建された。在りし日の福山城の天守は、最上階には朱色の高欄を巡らせ、北面の壁は鉄板で覆われていたと伝わる。

必見!!
伏見城移築の筋鉄御門
本丸正面を守る重要な門で、伏見櫓と同じく伏見城から移築されたもの。門扉や柱の角に筋鉄が鋲打ちされている。左に渡櫓、右に多門を連接した、初期様式の構造となっている。

城DATA

別名	久松(ひさまつ)城、葦陽(いよう)城
築城年	元和5年(1619)
築城者	水野勝成
主な城主	水野氏、松平[奥平]氏、阿部氏
現存遺構	櫓、門、鐘楼、石垣
復元遺構	天守、月見櫓、御湯殿

アクセス 福山駅からすぐ

関連史跡施設
宮本武蔵腰掛石
剣豪・宮本武蔵は元和元年(1615)の大阪夏の陣に際して、当時、三河国の刈谷(かりや)城主だった水野勝成(かつなり)の軍勢に参陣。その後、武蔵は福山城主へと加増栄転した勝成を訪ねる。その際、大坂で共に戦った水野氏家臣の中山将監邸に招かれ、腰掛けたとされる庭石が現在、福山城の裏手にある備後護国神社の境内で見られる。ナタで切ったように表面が水平になった石は、確かに人が腰掛けるのにちょうどよいくらいのサイズだ。

まだある名城 鞆城(広島県福山市鞆町)潮待ちの港・鞆に築かれた山城。現在は本丸跡に資料館が建てられ、石垣の一部が保存。

|見学 1時間|駅から30分以内|復元天守[外観]|有料 370円|平城|

主な史実 第一次長州征伐（1864）

広島城 ひろしまじょう

縄張は聚楽第をモデルにしたとも伝わる

広島県広島市中区基町21-1

原爆で失われたが戦後に復活

必見!! 天守閣
5重の大天守から渡櫓で南と東に築いた3重の小天守を連結した、複合連結式の望楼型天守。黒漆塗りの下見板や金箔瓦が使われるなど、秀吉の大坂城天守を模した豪奢な建築だったが、昭和20年（1945）の原爆投下で吹き飛び、天守台だけが残った。

必見!! 二の丸太鼓櫓と多聞（たもん）櫓
二の丸の南面を構成する櫓群。南東角には侍の出仕の合図など、時を告げる太鼓が置かれていた2重櫓の太鼓櫓、表御門脇の平櫓と太鼓櫓をつなぐ多聞櫓は総延長35間（約63m）の細長い建物。

必見!! 二の丸表門
内堀に囲まれた本丸へのアプローチのために造られているのが三の丸。馬出しとして設けられたものと思われ、橋の内側に櫓門と平櫓が並ぶ。天守閣と同様原爆で倒壊し、復元されたもの。

城DATA

別名	鯉城（りじょう）、在間城、当麻城
築城年	天正17年（1589）
築城主	毛利輝元
主な城主	毛利氏、福島氏、浅野氏
現存遺構	石垣、堀
復元遺構	天守、平櫓、多聞櫓、太鼓櫓、表御門

アクセス　路面電車紙屋町東駅・紙屋町西駅から徒歩15分。広島駅から徒歩20分

関連史跡施設
縮景園（しゅっけいえん）

元和6年（1620）、広島藩主・浅野長晟（ながあきら）が造らせた藩主別邸の庭園が起源。歴代の藩主によって徐々に拡幅していった。現在の庭園の原型は、明治末期、京都の庭師・清水七郎右衛門によるもの。「縮景」とは、「各地の景勝地を一カ所に集めて縮めて表すこと」という意味で、儒学者・林羅山（らざん）の命名と伝わっている。冬の梅、春のモモやツバキ、夏のスイレン、秋のハギなど、一年を通じて各種の花々が彩りを添える。

まだある名城　銀山城（広島県広島市安佐南区祇園町）30以上の曲輪や5つの空堀が、良好な状態で残っている。武田信宗による築城。

| 見学3時間 | 駅から30分以内 | 天守なし | 無料 | 山城 |

主な史実 吉田郡山城の戦い（1540～1541）

吉田郡山城
よしだこおりやまじょう

広島県安芸高田市吉田町吉田

ライバル尼子を退け毛利百万石の礎となった

中国地方の覇者にふさわしい巨大さ

必見!!
釣井の壇西側の切岸
本丸から6方向に伸びる尾根上にそれぞれに多くの曲輪が築かれていたが、本丸から西側に位置する釣井の壇は、長さが75mもある細長い曲輪で、基部に石垣が見られる。直径2.5mほどの井戸も設けられており、本丸に一番近い水源とされる。

必見!!
本丸（姫丸の壇側より）
あまりの高さに圧倒される切岸。軽く10メートル以上はあるだろう。毛利元就が本城として以来、時代がくだると共に徐々に巨大要塞化していったという。

必見!!
三ノ丸南東石垣
本丸から続く曲輪の先端にある三ノ丸は、かつてその脇が石垣でしっかり固められていた。崩壊はしているものの形状ははっきりわかる。

城DATA

別名	
築城年	建武3年［延元元年］（1336）、天文20年（1551）頃、天正年間（1573～92）
築城者	毛利氏
主な城主	毛利氏
現存遺構	石垣、土塁、堀切、井戸
復元遺構	

アクセス 向原駅からバス25分（日祝運休）、徒歩5分。向原駅から車15分

関連史跡施設
毛利元就墓所

元亀2年（1571）、75歳で世を去った元就。翌年、当主で孫の輝元は吉田郡山城の麓に、菩提寺の同春寺を建立し、墓が建てられた。墓の前には複数の石灯籠が並んでいるが、これらは親族のほか、代々の広島藩主や地元出身の名士らが寄進したもの。森閑とした森の中で、その一角だけがひときわ荘厳な雰囲気を漂わせている。元就の葬儀が行われた7月16日には、毎年墓前祭が行われている。なお、40歳で先になくなった嫡男・隆元の墓も、山麓の別の場所にある。

まだある名城　猿掛城（広島県安芸高田市吉田町）多治比川南岸の標高432mの山に築かれ、現在段曲輪が多く残る。毛利元就の居城。

新高山城 にいたかやまじょう

広島県三原市本郷町本郷

大井戸や巨石の石垣など見どころだらけ

[見学2時間] [駅から10分以内] [天守なし] [無料] [山城]

関連史跡施設
佛通寺（ぶっつうじ）
應永4年（1397）、小早川春平が創建。代々の小早川家当主の帰依を受け、最盛期には山内に塔中（たっちゅう）88カ寺、西日本一帯に末寺3000を数えた。

釣井の段・六つの井戸
東西、南北、それぞれ50mあまりと城内最大の広さをもつ曲輪。上下2段になっていて、上段に4つ、下段にも2つの円形石積井戸が残っている。

城内の井戸数は日本一？
必見!!

本丸の石垣
標高198mの山頂にある本丸の西側・北側に築かれていた石垣が部分的に残っている。
必見!!

城DATA
別名	雄高山城
築城年	天文21年（1552）
築城者	小早川隆景
主な城主	小早川隆景
現存遺構	石垣、堀切、土塁、井戸
復元遺構	

アクセス　本郷駅から車5分

日野山城 ひのやまじょう

広島県北広島町新庄

武勇の誉れ高き吉川氏三代の拠点

[見学2時間] [駅から1時間以内] [天守なし] [無料] [山城]

関連史跡施設
吉川元春館跡歴史公園
毛利元就の次男で、日野山城主・吉川家の養子となった元春の館跡。高さ3mの石垣が一番の見どころ。吉川氏に関する史料は、併設の戦国の庭歴史館に揃う。

米蔵段を守る土塁
3メートルはあろうかという土塁が圧巻。元々の自然地形の尾根を、削って角度をより増すなど、うまく加工しているものと思われる。

兵糧は高土塁で守りきる
必見!!

出丸・南櫓
迫り来る敵軍を見晴らすにはまさにうってつけ。南側にせり出した尾根の先端部にあたる。
必見!!

城DATA
別名	火野山城、日山城
築城年	不明
築城者	吉川氏
主な城主	吉川元春、吉川元長、吉川広家
現存遺構	空堀、石垣、土塁、井戸
復元遺構	

アクセス　可部駅から車50分

まだある名城　高山城（広島県三原市高坂町）小早川氏が長きに渡り居城とした難攻の城。対岸の新高山城に居城が移され廃城となった。

| 見学30分 | 駅から10分以内 | 天守なし | 無料 | 海城 |

三原城
みはらじょう
広島県三原市城町

"毛利の両川" 小早川隆景が築城

かつての水城の姿を今も残す

関連史跡施設
糸碕神社
かつて三原城にあった侍屋敷門を移築。石の鳥居をくぐった先にある神門がそれにあたる。明治8年(1875)に寄進された。桁行(横幅)が5.75メートルとかなり横広。

必見!!
日本有数の巨大天守台
広島城の天守閣なら6つ入る大きさで、石垣の規模では日本一といわれている。緩やかに裾を引く勾配が美しい石積みは「アブリ積み」という特殊な技法。

必見!!
駅舎一体の水堀と石垣
JRの駅舎が三原城の上をまたぐような形で建設され、城跡へは駅から直結している。

城DATA
別名	浮城、玉壺城
築城年	永禄10年(1567)
築城者	小早川隆景
主な城主	小早川氏、福島氏、浅野氏
現存遺構	石垣、堀
復元遺構	

アクセス 三原駅からすぐ

| 見学1時間 | 駅から30分以内 | 復興天守 | 有料260円 | 山城 |

岩国城
いわくにじょう
山口県岩国市

見下ろせば眼下に日本三大奇橋・錦帯橋

全国屈指の眺望

関連史跡施設
吉香(きっこう)公園
岩国藩主の居館跡。園内には、吉川家の先祖である吉川興経(おきつね)を祀る吉香神社は、享保13年(1728)に造営され、明治18年(1885)に現在地に移築された。

必見!!
錦帯橋越しに見る岩国城
日本三大奇橋・錦帯橋の向こうにそびえる山上が岩国城。ただし、現在の復興天守が立つ場所は、元々の天守の位置とは異なっている。

必見!!
眺望抜群の復元天守
天守からは足元に錦帯橋、ゆったりと流れる錦川の向こうには瀬戸内海も見える。

城DATA
別名	横山城
築城年	慶長6年(1601)
築城者	吉川広家
主な城主	吉川氏
現存遺構	隠居所長屋、石垣、水堀、空堀
復元遺構	天守、旧天守台

アクセス 岩国駅からバス20分、ロープウェー3分

まだある名城 亀居城(広島県大竹市小方) 広島藩主・福島正則が隣の毛利氏との国境に築く。城域はコンパクトだが石垣が見応えあり。

| 見学1時間 | 駅から30分以内 | 天守なし | 無料 | 山城 |

主な史実　毛利氏侵攻（1557）、大内輝弘の乱（1569）

高嶺城
こうのみねじょう

山口県山口市上宇野令高嶺

山中に隠れた本丸裏の高石垣は必見

インパクト大の見事な構え

必見!!

高石垣
本丸奥を固めているのは、平たい石を野面積にした石垣。途中が段になっているのは、技術的に一直線に積むのが難しかったからだろうか。

必見!!

瑠璃光寺（るりこうじ）の五重塔
登城口あたりから東を見下ろすと、法隆寺や醍醐寺と並び称される五重塔。

必見!!

本丸入口の虎口
かなり崩壊が激しいが、その姿が栄華を極めた後に零落した大内氏の儚さを物語っているよう。

城DATA

別名	鴻の峰城、鴻之峯城
築城年	弘治2年（1556）
築城者	大内義長
主な城主	大内義長、市川経好（つねよし）、柳沢元政、佐世元嘉（させもとよし）
現存遺構	石垣、井戸
復元遺構	

アクセス　山口駅から車30分

関連史跡施設
大内氏館跡

14世紀、大内氏24代当主・大内弘世（ひろよ）が、山口を本拠とした際に建造した居館。高嶺城は、その詰の城にあたる。最盛期には、堀まで含めると東西160メートル、南北170メートルという、広大な敷地を有していた。現在、その跡地に立つ龍福寺は、元々は別の場所にあったものを、大内氏旧領を手に入れた毛利氏がこの場所に移設した。陶晴賢（すえはるかた）の謀反によって討たれた大内義隆を弔うために菩提寺として復興した。

まだある名城　徳山城（山口県周南市公園区）徳山藩主である毛利就隆の城。慶安2年（1649）の築城といわれる。戦災で失われた。

萩城（はぎじょう）

山口県萩市堀内

関ヶ原後に転封となった毛利輝元が築城

維新の原点でひっそりたたずむ

見学	駅から	天守	有料	平山城
1時間	30分以内	なし	210円	

関連史跡施設　天樹院墓所
萩藩初代藩主で、73歳で亡くなった毛利輝元の墓所。元は輝元のご隠居所・四本松邸があった場所で、死後菩提寺が建てられたが明治に入り廃寺となった。

必見!!

内堀の傍の天守台
阿武川デルタの北西端に突き出た指月山（しづきやま）の麓に築城された萩城は、5層で白亜の望楼型天守天守閣が破却され、台座のみが昔日の面影を伝えている。

城DATA
別名	指月（しづき）城
築城年	慶長9年（1604）
築城者	毛利輝元
主な城主	毛利氏
現存遺構	天守台、長屋、石垣、堀
復元遺構	北の総門、土塀、土橋

必見!!

北の総門＆船着場
城下から三の丸に入るために設けられていた総門の一つで、船着場とともに復元された。

アクセス　東萩駅から徒歩30分。玉江駅から徒歩20分

勝山城（かつやまじょう）

山口県下関市田倉

大大名・大内氏の栄華はここで潰えた

見学	駅から	天守	無料	山城
1時間	1時間以内	なし		

主な史実　勝山青山の戦い（1527）／毛利氏侵攻（1557）

関連史跡施設　勝山御殿跡
幕末、長府藩主の毛利氏が築いた陣屋。勝山城、青山城、四王司山城と、三つの山城に囲まれる位置にある。建物はないが、石垣が良好な状態で残っている。

本州から関門海峡を望む地

必見!!

関門海峡を望む
山頂の主郭南端から、幅の広い水路のように見えるのが関門海峡。奥の山々は九州だ。

城DATA
別名	且山（かつやま）城
築城年	不明
築城者	永富嗣光?、内藤氏?
主な城主	永富氏、相良氏、内藤氏、入江氏、南条氏、山田氏
現存遺構	石垣
復元遺構	―

必見!!

主郭直下の石垣
ほぼ自然地形に近い造りの勝山城だが、山頂の主郭周囲のみ、人工的な造作がみられる。

アクセス　新下関駅からバス10分、徒歩40分

まだある名城　櫛崎城（山口県下関市長府外浦町）遺構はほとんど失われているが、関門海峡の見晴らしがよく、時代を通じ重要視された。

屋嶋城……132
高松城……132
丸亀城……133
引田城……134
徳島城……135
一宮城……135
岡豊城……140
高知城……139

第7章 四国の城 12

松山城、宇和島城、丸亀城、高知城と、現存天守が4つも揃うエリア。海運で栄えた瀬戸内海に面している北側には、高松城、今治城といった、水城の名城もある。城造りの名人と称された武将の手による城も多い。

【見学30分】【駅から30分以上】【天守なし】【無料】【山城】

屋嶋城 やしまじょう
香川県高松市屋島東町

源平合戦の名場面がよみがえる

関連史跡施設 屋島古戦場
源平合戦時のハイライトのひとつ。当時は離島だった屋島へ、干潮時に渡り奇襲を仕掛けた源義経が勝利をもぎとる。

城下と瀬戸内海を見晴らす

必見!!
城門から眼下を望む
瀬戸内海と城下の街並が一望のもとに見晴らせる。眺望の良さもこの城の魅力の一つだ。

城DATA
別名	―
築城年	天智天皇6年（667）
築城者	大和朝廷
主な城主	
現存遺構	城門、石塁、土塁、貯水池
復元遺構	城門

【アクセス】屋島駅からバス18分、徒歩15分

必見!!
見上げるような城壁
高低差は最大で6メートル近くもあったとか。再現されたその姿に思わず息を飲むこと必至。

【見学1時間】【駅から10分以内】【天守なし】【有料200円】【水城】

高松城 たかまつじょう
香川県高松市玉藻町2-1

瀬戸内海から船で直接入城できた

関連史跡施設 弘憲寺
豊臣秀吉に重用され、讃岐一国を与えられた戦国武将・生駒親正（いこまちかまさ）夫妻の墓所がある。同寺には、親正の肖像図も保存されている。

水城ならではの風景

必見!!
月見櫓と水手御門
海側には瀬戸内海を監視する3重3階の月見櫓と北の丸から直接海へ出られる水手御門がある。藩主はここから小舟に乗り、沖で御座船に乗り換えた。

城DATA
別名	玉藻城
築城年	天正18年（1590）
築城者	生駒親正（いこまちかまさ）
主な城主	生駒氏、松平氏
現存遺構	門、石垣、堀
復元遺構	御殿

【アクセス】高松駅から徒歩3分

必見!!
内堀に守られた天守台
内堀に囲まれた天守台には、かつて南蛮造りと呼ばれる3層4階の天守が建っていた。

【まだある名城】雨滝城（香川県さぬき市大川町）応仁の乱でも活躍した安富氏の本拠。山頂からの3つの尾根に曲輪が並ぶ。

| 見学2時間 | 駅から30分以内 | 現存天守 | 有料200円 | 平山城 |

主な史実 生駒騒動（1635～1640）

丸亀城
まるがめじょう

香川県丸亀市一番丁

日本一の高石垣上に現存天守がそびえる

丸亀を見ずして石垣を語るなかれ

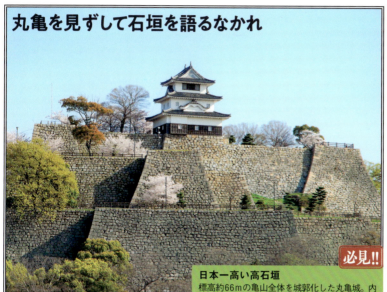

必見!!

日本一高い高石垣
標高約66mの亀山全体を城郭化した丸亀城。内堀に囲まれた曲輪は、4段階、総高約40mの高石垣で構成されている。傾斜の緩やかな下部から徐々に斜度が上がり、上部は垂直に近い。

必見!!

四国最古の木造天守
全国12の現存天守の一つで、四国では最も古い万治3年（1660）建造。高さ約15m、3重3階のどっしりとした建物で、唐破風や千鳥破風を配し、北側には石落も設けられている。

必見!!

石橋と大手二の門
江戸中期の再建で、櫓門の一の門に対し、二の門は高麗門で、いずれも丸亀城の顔にふさわしい堂々たる偉容。石垣に使用されている巨大な石には、ノミ跡も美しい仕上がりが見られる。

城DATA

別名	亀山城、蓬莱（ほうらい）城
築城年	慶長2年（1597）、寛永20年（1643）
築城者	生駒親正、山崎家治、京極高和（きょうごくたかかず）
主な城主	生駒氏、山崎氏、京極氏
現存遺構	天守、門、長屋、番所、石垣、堀
復元遺構	

アクセス 丸亀駅から徒歩20分

関連史跡施設
丸亀市立資料館

丸亀城の石垣下、水堀そばに立つ。藩政時代の丸亀城や歴代藩主に関する資料を多数収蔵し、数百点を展示している。特に生駒・京極・山崎氏時代の資料、美術工芸品などが充実。なかでも特筆すべきは、寛永16年（1670）に城を改築した際、幕府に提出したものの写しといわれる丸亀城木図。全国でも非常に珍しい江戸期の木造城模型だ。民具展示場では、丸亀うちわづくりに必要な道具など、うちわに関する資料も数多く展示している。

まだある名城 天霧城（香川県多度津町吉原）尾根の広大な城域に曲輪群。天正6年（1578）に長宗我部元親が攻め落とす。

| 見学30分 | 駅から30分以内 | 天守なし | 無料 | 平山城 |

引田城 ひけたじょう

香川県東かがわ市引田宮ノ後

瀬戸内海に面した四国の北東玄関口

累々たる石の壁が圧巻

必見!!　北二の丸石垣
斜面一帯を補強するようにズラリと石垣が連なっている。隙間に小石をていねいに埋め込んだ野面積の石垣は、四国でも有数の石垣美といえる。

必見!!　化粧池の石が濃い
山中の水場にも石垣が見られる。水を溜めておくための堰の役割を任っていた部分も。

必見!!　引田の港を見晴らす
港の全体を見晴らせる位置にあり、見張台の役割もはたしていたことは、今でもその眺望がよく物語っている。

城DATA

別名	
築城年	不明
築城者	不明
主な城主	四宮氏、仙石氏、生駒氏
現存遺構	石垣
復元遺構	

アクセス　引田駅から徒歩20分

関連史跡施設　引田の古い町並

瀬戸内海に面する小さな港町・引田は、瀬戸内の良港として古くから栄えた。秀吉の四国攻めの際は、讃岐統一のための拠点とした地でもある。日用品や穀物などを扱う商家が100軒近く並び、特に醤油醸造が盛んだった。江戸時代後期から明治に建てられ、出格子や長屋門など往時の姿そのままに残す建物も多い。松の下近傍には、引田御三家と呼ばれる旧庄屋の「日下家」、酒・醤油業の「佐野家」、醤油業の「岡田家」などの立派な屋敷が並ぶ。

まだある名城　虎丸城（香川県東かがわ市与田山）峻険な地形の堅牢な山城。細川氏の家臣である寒川氏の築城とする説が有力。

徳島城 とくしまじょう

巨石を配した各所の虎口は必見

徳島県徳島市徳島町城内

見学	駅から	天守	無料	平山城
1時間	30分以内	なし		

関連史跡施設
蜂須賀家墓所
徳島藩主・蜂須賀氏には2カ所の墓所がある。興源寺には、高さ4.2m二代藩主・忠英の墓石がある。もう一方は万年山。

質実剛健の石垣が魅力

西三の丸門の虎口
城内側からの眺め。ここにたどり着くには、長い上り道を通る。そこを一網打尽という作戦だ。

城DATA
別名	渭山（いのやま）城、渭津（いのつ）城
築城年	天正14年（1586）
築城者	蜂須賀家政
主な城主	蜂須賀氏
現存遺構	石垣、堀、庭園
復元遺構	鷲の門

アクセス　徳島駅から徒歩15分

大手門の黒門枡形
城の南側にある下乗橋は往時は木製。黒門と呼ばれ、枡形虎口があった。

一宮城 いちのみやじょう

土と石を駆使した土木技術のデパート

徳島県徳島市一宮町

見学	駅から	天守	無料	山城
30分	30分以内	なし		

主な史実　一宮城の戦い（1582）

関連史跡施設
一宮神社
一宮城主・小笠原長宗が宮司も兼ねていた。蜂須賀氏が阿波入国した際、国の平和を願い、奉納したと伝えられる太鼓橋がある。

山上に絶景の石垣群

本丸東側の石段
石垣が極めて良好な状態で残る、この城のハイライト的なスポットといえる。右手側にも、急斜面と一体化するような石垣が続いている。

城DATA
別名	
築城年	延元3年［暦応元年］（1338）
築城者	小笠原長宗
主な城主	小笠原成助、蜂須賀家政、益田持正
現存遺構	曲輪、石垣、竪堀、空堀、堀切、井戸跡
復元遺構	

アクセス　鮎喰（あくい）駅から車で15分

明神丸＆才蔵丸直下
鋭い切岸に挟まれた道を登る。両側頭上には城兵がこもる曲輪。

まだある名城　海部城（徳島県海陽町鞆浦）天正5年（1577）に長宗我部元親の阿波侵攻軍に攻略される。石積や土塁などが残存。

| 見学2時間 | 駅から30分以内 | 現存天守 | 有料510円 | 山城 |

放火も空襲もくぐり抜けた

松山城
まつやまじょう

愛媛県松山市丸之内1

技巧が凝らされた遺構が城域に点在

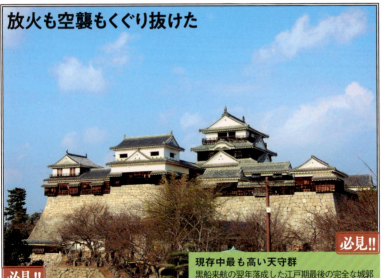

必見!!
現存中最も高い天守群
黒船来航の翌年落成した江戸期最後の完全な城郭建築。3重3階地下1階の層塔型天守に、小天守、隅櫓を渡櫓でつないだ連立式天守。天守の高さ20m、標高132mに建つため、現存12天守中最も高い。瓦に葵の御紋が付されているのも特徴。

必見!!
本丸南部を守る太鼓櫓
高さ5mの石垣上に立つ。一直線に構築された太鼓櫓と巽櫓、その間の太鼓門をつなぐ渡塀には狭間21カ所、石落2カ所あり。

必見!!
巨大な二の丸の大井戸
勝山中腹の谷にあたる部分に広大な二の丸があり、御殿が建てられていた。その中央に位置するのが石組みで造られた大井戸で、東西18m、南北13m、深さ9mと、まるでプールのように巨大。

城DATA

別名	金亀(きんき)城、勝山城
築城年	慶長7年(1602)
築城者	加藤嘉明
主な城主	加藤氏、松平[久松]氏
現存遺構	大天守、櫓、門、塀、井戸、石垣、土塁、堀
復元遺構	小天守、北隅櫓、十間廊下、南隅櫓、太鼓櫓、筒井門、太鼓門、乾門、艮門東続櫓など

[アクセス] 松山駅から路面電車10分、徒歩5分

関連史跡施設
松山神社

元和4年(1618)、松山藩主・加藤嘉明(よしあき)が湯月八幡宮の境内に小祠を建て、徳川家康を祀ったのが起源。明和8年(1765)、八代藩主・定静が、社殿を天台宗常信寺のあった現在の地に移した。以後、家康の150回、200回、250回と節目の年には神忌の法要を行うなど、藩主の家康への崇敬の念は、江戸時代を通じて幕末まで変わることはなかった。権現造の本殿は、元治2年(1865)に建てられたもので、往時の姿をほぼ残している。

[まだある名城] 湯築城(愛媛県松山市道後湯之町)外堀に囲まれた平山城。丘陵上に曲輪が並ぶ。伊予河野氏の居城。

|見学2時間|駅から30分以内|模擬天守|有料500円|水城|

今治城 (いまばりじょう)
愛媛県今治市通町3-1-3

海峡を睨むは築城名手・藤堂高虎の縄張

関連史跡施設 大雄寺
築城者・藤堂高虎の養子・高吉が、実の両親の供養をするため、法界寺村(今治玉川町)からこの地に移した。境内には藤堂家の供養塔も現存している。

白壁と石垣が水面に映る

天守&山里櫓
藤堂高虎が5重の天守を建てたと伝えられ、当時最新鋭の層塔型だったと推測されている。現在のものは昭和55年(1980)に、本丸北隅櫓跡に建てられた模擬天守。

城DATA
別名	吹上[吹揚](ふきあげ)城
築城年	慶長7年(1602)
築城者	藤堂高虎(とうどうたかとら)
主な城主	藤堂氏、松平[久松]氏
現存遺構	石垣、堀
復元遺構	模擬天守、鉄御門、多聞櫓五棟、石垣

アクセス 今治駅からバス10分、徒歩3分

二の丸を守る鉄(くろがね)御門
二の丸の表門にあたり、巨大な枡形や多聞櫓と併せ、守備を固めていた。平成19年(2007)復元。

|見学2時間|駅から30分以内|復元天守|有料500円|平山城|

大洲城 (おおずじょう)
愛媛県大洲市大洲903

川べりにそびえる伊予の小京都のシンボル

関連史跡施設 おはなはん通り
市街地の東端、江戸から明治時代の町割と家並等が、今も忠実に現存している。南側が武家屋敷であり、北側の蔵並びは商屋のものであった。

白黒青のコントラストが見事

優美な天守と高欄櫓
4層4階の天守は史料をもとに復元された木造建築。高欄櫓は安政の地震で大破、江戸末期に再建。2階に廻縁と高欄がある特殊な建築で、国の重要文化財。

城DATA
別名	比志(ひじ)城、地蔵ヶ嶽城、大津城、亀城
築城年	14世紀前半、慶長15年(1610)頃
築城者	宇都宮豊房、脇坂安治
主な城主	宇都宮氏、戸田氏、藤堂氏、脇坂氏、加藤氏
現存遺構	櫓、石垣、堀
復元遺構	天守、多聞櫓

アクセス 伊予大洲駅から徒歩20分

外郭の三の丸南隅櫓
南西麓の三の丸にある南隅櫓は、明和3年(1766)に建てられたもので、大洲城で最古の建物。

まだある名城 川之江城(愛媛県四国中央市川之江町)讃岐・阿波・土佐の三国からの街道が集中する要所のため何度も合戦に。

| 見学1時間 | 駅から30分以内 | 現存天守 | 有料200円 | 平山城 |

主な史実 大友・長宗我部氏侵攻（1546）

宇和島城
うわじまじょう

五角形の不思議な縄張が現存天守を守る

愛媛県宇和島市丸之内1

無駄のないシンプルな美しさ

必見!!
装飾性の高い天守
現存する天守は伊達2代目の宗利が城の大改修をした寛文年間に再建されたもので、3重3階総塗籠の層塔型天守閣。玄関は唐破風、2層目に千鳥破風、3層目は軒唐破風と、凝った意匠の美麗な造りで、太平の世を象徴する建物となっている。

必見!!
天守内観（障子など）
宇和島城の内装は、現存天守の中でも、最も往時の姿を忠実に残していると伝わる。小ぶりな天守だが、中身は実はなかなかあなどれないのだ。

必見!!
上り立ち門
現在、城山南側の登城口となっている上り立ち門は、江戸時代の絵図によると搦め手口にあたる。天守までに7つあった門のうち、現存するのはこの門のみで、市の文化財に指定されている。

城DATA

別名	鶴島城、板島城、丸串城
築城年	嘉禎2年（1236）
築城者	西園寺公経（さいおんじきんつね）、藤堂高虎
主な城主	藤堂氏、富田氏、伊達氏
現存遺構	天守、門、石垣
復元遺構	

アクセス 宇和島駅から徒歩15分

関連史跡施設
宇和島市立伊達博物館

宇和島市制50周年記念事業として、昭和49年（1974）に伊達家旧邸跡に建設された。宇和島藩主である伊達氏ゆかりのものを展示する博物館。歴代藩主の文化遺産を約4万点収蔵。年2回ペースで展示替えしている。豪華絢爛な武具甲冑や繊細な調度品、豊臣秀吉の肖像画といった、なかなかお目にかかれない貴重な文化財を展示。特に、生活を彩った婚礼調度は充実しており、奥ゆかしい生活が伺える。毎年1回は特別展示も開催している。

まだある名城 中村城（高知県四万十市中村丸の内）土佐一条氏の居城。現在は模擬天守の資料館がある、二の丸北西の山頂が本丸。

| 見学2時間 | 駅から30分以内 | 現存天守 | 有料420円 | 平山城 |

高知城
こうちじょう

高知県高知市丸ノ内1

天守ほか現存遺構が多く残るのが魅力

南国の空にひときわ映える

必見!!
初期望楼型の天守
現在の天守は寛延2年(1749)に再建されたもので、外観は4重、内部は3層6階の望楼型。最上階には、初代藩主一豊の前の居城である遠江・掛川城を模したとされる廻縁高欄が付けられており、再建時に元の姿を復元したとみられている。

必見!!
豪壮かつ優美な追手門
どっしりと組み上げた石垣の上に渡櫓を乗せた櫓門。外部から中が見渡せないように南面させ、内側は桝形虎口となっている。追手門前から天守が臨めるため、絶好の撮影ポイントとなっている。

必見!!
橋廊下とも呼ぶ詰門
本丸と二の丸の間の堀切に設置された櫓門。2階は渡廊下になっており、本丸と二の丸を結んでいるが、1階部分は敵が真っすぐ通り抜けられないようになっており、本丸にはつながらない構造。

城DATA

別名	鷹城、大高坂山城、大高坂城、河中山城、高智山城
築城年	慶長6年(1601)
築城者	山内一豊
主な城主	山内氏
現存遺構	天守、御殿、櫓、門、石垣、堀
復元遺構	

アクセス　高知駅から路面電車で10分、徒歩5分

関連史跡施設
山内神社

土佐初代藩主・山内一豊、同夫人、二代藩主・忠義を祀るために、十代藩主豊策により造営された藤並神社が起源。明治4々(1871)、土佐藩最後の藩主・豊範が、藤並神社の御旅所だった現在地に山内神社を創建する。昭和20年(1945)、戦火により両神社は焼失するが、昭和45年(1970)、社殿を再建及び藤波神社を合祀し、土佐藩歴代藩主全てを祀る神社となる。境内には、山内家の貴重な資料を保管する土佐山内家宝物資料館がある。

まだある名城　安芸城(高知県安芸市土居)　川に挟まれた平山城。長宗我部元親のライバル・安芸国虎の本拠。永禄12年(1569)落城。

| 見学1時間 | 駅から1時間以内 | 天守なし | 無料 | 山城 |

主な史実　土佐七雄の抗争(1508)

岡豊城
おこうじょう

四国の雄・長宗我部元親はここが原点

高知県南国市岡豊町八幡1099-1

土佐の一大平野を見晴らす

詰ノ段櫓からの眺望 必見!!
国分川北岸に位置する標高97.5mの岡豊山に築かれている岡豊城は、山頂部に「詰」と呼ばれる主郭を築き、北東側に二の段、南西側に三の段、四の段を置いていた。現在は展望櫓が造られており、香長（かちょう）平野の景色が一望できる。

三の段の石積 必見!!
本丸に相当する詰の周囲をぐるりと固めているのが「三の段」で、等高線に沿って細長く石積みが残されている。現地の発掘調査によって礎石建物跡も発見されている。

四の段奥のY字虎口 必見!!
主郭の南側には三の段、四の段と二段の腰曲輪が連続。両曲輪の間には出枡形が存在、四の段の虎口には石垣も残っている。四の段から下に降りると横堀沿いの腰曲輪もある。

関連史跡施設
雪蹊寺（せっけいじ）

弘仁年間（810〜823）、弘法大師による開基が始まりと伝えられる。長宗我部元親が寺の衰退時に保護し、その際、臨済宗妙心寺派に改めた。その後、元親の子・盛親が父の菩提寺と定め、元親の法号「雪蹊怨三」にちなみ、「高福山雪渓寺」とした。境内には、夭折した兄弟・長宗我部信親などの墓がある。仏師である運慶・湛慶がこの場所に滞在していたことがあり、本尊薬師如来像、毘沙門天三尊像など、国の重要文化財に指定されている仏像もある。

城DATA

別名	
築城年	13〜14世紀
築城者	長宗我部（ちょうそかべ）氏
主な城主	長宗我部氏
現存遺構	石垣、土塁、空堀
復元遺構	

アクセス 高知駅からバス30分、徒歩10分

まだある名城 本山城（高知県本山町本山）長宗我部家と覇を競った本山氏の城。永禄7年（1564）、元親に攻められ落城。大堀切が圧巻。

Special 03 堀口茉純の極私的名城ベスト10

- 1位 **江戸城** ……P33
  （東京都千代田区千代田）
- 2位 **熊本城** ……P157
  （熊本県熊本市中央区本丸1-1）
- 3位 **姫路城** ……P103
  （兵庫県姫路市本町68）
- 4位 **彦根城** ……P84
  （滋賀県彦根市金亀町1-1）
- 5位 **津和野城** ……P117
  （島根県津和野町後田477-20）
- 6位 **松江城** ……P115
  （島根県松江市殿町1-5）
- 7位 **大坂城** ……P99
  （大阪府大阪市中央区大阪城1-1）
- 8位 **丸亀城** ……P133
  （香川県丸亀市一番丁）
- 9位 **金沢城** ……P74
  （石川県金沢市丸の内1-1）
- 10位 **鹿児島城** ……P159
  （鹿児島県鹿児島市城山町7-2）

近世城郭の石垣フェチ。江戸城は石垣の理想郷です。大手門、中之門の優美な切込接と堀端の強固な野面積みのギャップに萌えます。高石垣系もイイですが、西南戦争の弾痕が残る鹿児島城の石垣も渋くておススメ！

堀口茉純

Masumi Horiguchi

1983年、東京都生まれ。明治大学在学中に日本舞踊の稽古を始め、卒業後に時代劇デビュー。2008年には江戸文化歴史検定1級を当時最年少で獲得。その後、江戸に詳しすぎるタレント〝お江戸ほーりー〟として注目を集める。現在テレビ出演や執筆など幅広く活動。2011年には処女作「TOKUGAWA15〜徳川将軍15人の歴史がDEEPにわかる本〜」を出版。

第8章 九州・沖縄の城 27

猛将、智将目白押しの九州は、城も質実剛健。小ぶりだが峻険な山も多いので、勾配の険しい山城を訪れる際は、体力、持ち物いずれも、万全の準備で望みたい。離島も含めた北部は、大陸との関連が深い城も多い。

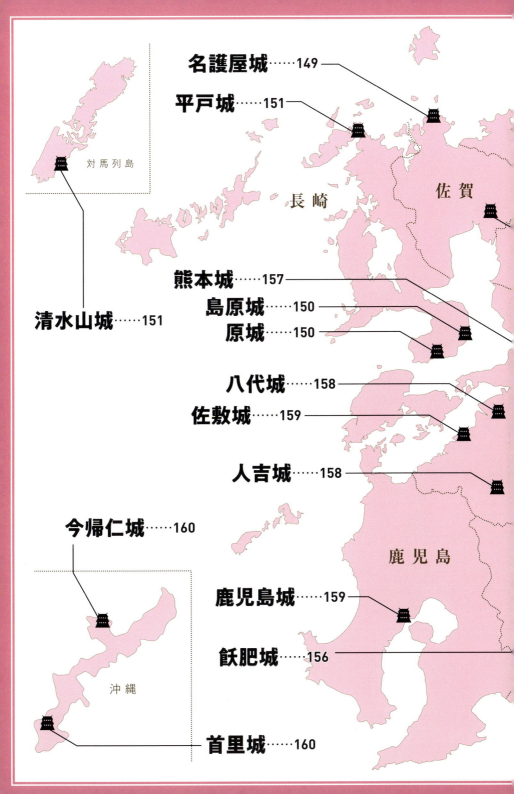

| 見学2時間 | 駅から10分以内 | 天守なし | 無料 | 平山城 |

主な史実 黒田騒動（1623〜1633）、乙丑（いっちゅう）の獄（1865）

福岡城 ふくおかじょう

内郭部8万坪の重厚堅固な巨城

福岡県福岡市中央区城内

空を鶴の姿にも模せられる

必見!! 南丸多聞櫓は16部屋

本丸、二ノ丸、東二ノ丸、南二ノ丸、三ノ丸で構成される内城41万3900㎡の巨大城郭。大中小の天守台と47の櫓、10の門を構えていたそう。うち、現存する櫓は国の重要文化財である南多門櫓のみ。切妻造りの2重2階の隅櫓と30間の平櫓から成る。

必見!! 鉄御門跡

本丸への最後の関門のため幅が狭い。両サイドを高石垣が挟み、上から攻撃しやすい構造。

必見!! 天守礎石を残す天守台

野面積みの天守台には東西25m、南北22.5mの礎石列があり、中央が凹んでいる。その規模から5層の天守の存在を思わせるが、明らかではない。手前に城跡の全容、彼方に大都会の眺望が広がる。

城DATA

別名	舞鶴（まいづる）城、石城（せきじょう）
築城年	慶長6年（1601）
築城者	黒田長政
主な城主	黒田氏
現存遺構	南丸多聞櫓、本丸表御門跡、天守台、石垣、御鷹屋敷跡、井戸
復元遺構	祈念櫓、二ノ丸北隅櫓、伝潮見櫓、母里太兵衛邸長屋門、下之橋御門（しものはしごもん）[大手門]、名島門

アクセス 赤坂駅・大濠公園駅から徒歩8分

関連史跡施設
旧母里太兵衛邸長屋門

家主・母里太兵衛（もりたへえ）は、黒田長政の家臣で組まれた精鋭部隊「黒田二十四騎」の1人。福島正則から名槍日本号を飲みとったといい、「酒は飲め飲め」との黒田節のモデルともされる。長屋門は昭和27年（1952）に解体され、昭和40年（1965）から約50年福岡城跡に移築されていた。老朽化が進んだため、平成26年（2014）10月から半年間の保存修理工事を行い、往時の姿を取り戻した。

まだある名城 名島城（福岡県福岡市東区名島）福岡城以前の黒田氏の居城。その前の小早川隆景時代に改修された遺構が多数残る。

| 見学1時間 | 駅から30分以内 | 天守なし | 無料 | 山城 |

主な史実 立花山城の戦い(1586)

立花山城
たちばなやまじょう

玄界灘を一望する中世の巨大要害

福岡県福岡市東区下原

山中に貴重な水の手

必見!!

石組の井戸跡
サイズは極めて小さいが、今なおこんこんと水が湧き出ている。この生命線がなければ、猛将・立花宗茂も島津軍に勝てなかっただろう。

必見!!

天然の城壁・屏風岩
山の中腹あたりで、道は巨大な岩壁にぶち当たる。自然が図らずも生んだこの岩も、城を守るための防衛力として大いに役立っただろう。

必見!!

尾根に連なる段曲輪
ひとつひとつは小さいが、幾重にも連なっている。登りは勾配もきつく、足元も砂状で滑りやすい。山頂の本丸まではるかなる道のり。

城DATA

別名	立花城
築城年	元徳2年(1330)
築城者	立花貞載
主な城主	立花氏、大友氏、小早川氏
現存遺構	石垣、土塁、堀切、竪堀、井戸
復元遺構	

アクセス 福工大前駅からバス15分、徒歩5分

関連史跡施設
梅岳寺（ばいがくじ）

足利義満の時代に建立され、当初は「花谷山岳寺」と呼ばれていた。城主立花道雪の母・養孝院をこの地に埋葬したことから、立花山梅岳寺養孝院と寺名が変遷。境内の奥には右から順に道雪・養孝院・薦野三河守増時の墓がある。道雪は大友氏の家臣であり、大友家の三宿老の一人。立花宗茂が筑後の陣で病死した道雪の遺骸を母の墓の隣に埋葬、薦野三河守増時は道雪の重臣として仕え、死後も道雪と墓を並べるという約束から、この地に埋葬されている。

まだある名城 長野城（福岡県北九州市小倉南区長野）驚くべき本数の畝状竪堀群。これだけの数を誇るのは全国でも指折り。

|見学2時間|駅から30分以内|天守なし|無料|山城|

大野城（おおのじょう）
福岡県宇美町四王寺

広大な城域を誇る朝鮮式古代山城

まるで万里の長城のごとく

関連史跡施設
水城[東門礎石]
663年の白村江の戦いの翌年、唐または新羅の攻めを防ぐために造られた。全長約1.2km、幅80mある堤防は、大城山麓から下大利まで至る。

必見!!

精巧な造りの百間石垣
大陸からの侵攻に備えた城で、北の要・宇美口に全長150m超の石垣があり、透水性の高い断面構造や地下水排出用の吐水口など、当時の技術力の高さがわかる。

太宰府口城門
かつては門扉があったようで、礎石には穴も残っている。脇にある谷を埋める石垣も必見。

必見!!

城DATA
別名	―
築城年	天智天皇4年（665）
築城者	天智天皇
主な城主	
現存遺構	土塁、石垣
復元遺構	

アクセス　大宰府駅から車15分

|見学1時間|駅から1時間以内|天守なし|無料|山城|

  主な史実　岩屋城の戦い（1586）

岩屋城（いわやじょう）
福岡県太宰府市浦城

九州一の猛将・高橋紹運が花と散る

猛将の墓前にも手を合わせたい

関連史跡施設
観世音寺
天正14年（1586）、豊臣秀吉の襲来を阻むために、島津氏が総勢2万の大軍で対抗する陣が組まれた場所。紅葉、アジサイなど季節の花が彩る。

必見!!

二ノ丸に眠る勇士たち
島津5万の大軍を相手に高橋紹運（じょううん）以下763名が半月も死守し、全員玉砕という壮絶な最期を遂げた。二ノ丸に紹運ら勇士の墓がある。

城DATA
別名	―
築城年	天文年間（1532〜1555）
築城者	高橋鑑種
主な城主	高橋氏
現存遺構	土塁、竪堀、堀切
復元遺構	

必見!!

良好に残る大堀切
本丸の背後には大堀切が見られ、さらに奥の尾根筋に2〜3条の堀切跡が連なっている。

アクセス　太宰府駅から車10分

まだある名城 秋月城（福岡県朝倉市秋月野鳥）福岡藩から分藩した黒田氏の陣屋。長屋門や櫓台など建築物の見どころが多い。

| 見学1時間 | 駅から10分以内 | 復興天守 | 有料350円 | 平城 |

主な史実 第二次長州征討（1866）

壇ノ浦を臨み関門海峡を制する地

小倉城
こくらじょう

福岡県北九州市小倉北区城内2-1

名家・細川家が基礎を築いた

必見!!

珍しい唐造りの天守
全国的にも珍しい唐造りの4重5階の複合式層塔型で、細川忠興によって慶長15年（1610）完成したとされる。昭和34年（1959）再建された破風のついた外観は、往時とは異なる。城を巡る石垣は野面積で、素朴ながらも力強い風情が漂う。

必見!!

北ノ丸と本丸東は空堀
本丸の東側と北ノ丸の間が、近世城郭にはあまりない空堀となっている。当時から空堀だったかどうかは不明。

必見!!

屈曲する水堀
折れ曲がることで横矢が掛かる仕組み。水堀と組み合わせることで、その防御力も倍増。

城DATA

別名	勝山城、指月（しづき）城
築城年	天正15年（1587）
築城者	毛利勝信
主な城主	毛利氏、細川氏、小笠原氏
現存遺構	石垣、堀
復元遺構	天守、模擬櫓、庭園

アクセス 西小倉駅から徒歩10分

関連史跡施設
八坂神社

元和3々（1617）、小倉藩の初代藩主・細川忠興が総鎮守を祇園社を鋳物師町に創建したのが始まり。忠興が鷹狩りに出かけた際に、鷹に目を負傷させられる。これを神様に失礼なことをした罰だと反省し、祠を立派に建て直した。

北殿に古船場町の祇園社、南殿に愛宕山の祇園社が造られ、2つの祇園社が祀られているのは全国的にも珍しい。400年の歴史を持つ小倉祇園祭が開催されると、祭りになると祇園太鼓の激しい音があたりに響きわたる。

まだある名城 門司城（福岡県北九州市門司区門司古城山）旧陸軍砲台時代を経て遺構はほぼ消滅したが、関門海峡を見張る要所。

| 見学2時間 | 駅から1時間以上 | 天守なし | 無料 | 山城 |

主な史実 豊前国人一揆(1587)

城井谷城
きいだにじょう

断崖絶壁と巨岩に守られた秘境の城

福岡県築上町寒田

城跡きっての〝危険な〟絶景

必見!!
巨岩の穴が裏門
渓谷の奥地にあり、天然の要害との表現がストレートにあてはまる城。峻険な地形の谷筋に残る城跡の大半が、同時代から手つかずで今に至ると推測。裏門へのルートの一部は、断崖絶壁を鎖伝いに。難攻不落を肌で感じながらの攻略となる。

必見!!
三丁弓の岩は前衛の砦
「射手3名おれば敵1兵も通さず」との意味をもつ、岩独立状の巨岩。前衛の砦である。手前の小谷から本丸へと続く道すがら、柵や逆茂木、弩などの備えがいく重にも施されていたに違いない。

必見!!
巨石を利用した表門
表門は天然の巨岩を利用した通路で、幅は人1人が通るのがやっと。いくつも似たような城門を抜け、緩やかな斜面にある谷戸構えの主曲輪へ至る。虎口の左右にもまるで門塀のような巨石が備わる。

城DATA

別名	萱切(かやきり)城、城井郷(きいごう)城
築城年	建久6年(1195)
築城者	宇都宮信房
主な城主	宇都宮氏、城井氏
現存遺構	石垣、表門、裏門
復元遺構	

アクセス 築城駅からバス35分、徒歩50分

関連史跡施設
城井神社(きいじんじゃ)

豊前国を約400年間納めた、城井家16代城主で怪力無双で強弓の武将として伝わる、城井鎮房(きいしげふさ)を祀る。天正16年(1588)、鎮房は黒田氏に中津城で酒宴と誘われ謀殺される。宝永2年(1705)豊前中津藩の藩主・小笠原長円が小社を建てた際、鎮房を「城井大権現」とし、城の守護神として崇敬した。何度かの変遷で一時は衰微することもあったが、大正時代には、現社号に改まっている。

まだある名城 馬ヶ岳城(福岡県行橋市津積字馬ヶ岳)源平合戦期から秀吉の九州征伐まで様々な動乱の舞台に。竪堀、横堀が見事。

名護屋城 なごやじょう

秀吉による朝鮮出兵の最前線基地

佐賀県唐津市鎮西町名護屋

見学1時間 / 駅から1時間以内 / 天守なし / 無料 / 平山城

関連史跡施設
名護屋城博物館
豊臣秀吉の朝鮮出兵を扱った展示が見られる。「日本列島と朝鮮半島の交流史」をテーマにした常設展示ほか、歴史講座も行っている。

水平線の向こうは朝鮮半島 必見!!

天守台から見た玄界灘
当時、大坂城に次ぐ規模を誇り、高さ25～30mの五層天守があったと推定。現在は模擬石で基礎部分を復元した天守台跡から、玄界灘の島々が一望できる。

城DATA
別名	名護屋御旅館（なごやごりょかん）
築城年	天正19年（1591）
築城者	豊臣秀吉
主な城主	豊臣氏
現存遺構	石垣、大手門跡、大手口、空堀
復元遺構	天守台基礎部、三ノ丸南東隅櫓台石段

必見!!
多重折れをもつ山里口
秀吉の居館があった山里丸への入口であるため、やはり守りは厳重だ。

アクセス：西唐津駅からバス40分、徒歩5分

佐賀城 さがじょう

弾痕残る鯱の門が往時を偲ばせる

佐賀県佐賀市城内2-18-1

見学1時間 / 駅から30分以内 / 天守なし / 無料 / 平城

主な史実 佐賀の乱（1874）

関連史跡施設
高伝寺
天文21年（1552）に龍造寺氏の家臣・鍋島清房により建立された。鍋島家、龍造寺家の菩提寺としても知られ、日本に二幅しかない大涅槃図がある。

折れと高低差で天守を守る 必見!!

規模の大きな天守台
五層天守は享保11年（1726）に焼失したが、天守台は現存。当時は本丸から上がれず、石塁北の犬走りから入る設計だった。

城DATA
別名	沈み城、亀甲（きっこう）城
築城年	慶長7年（1602）
築城者	鍋島直茂・勝茂
主な城主	鍋島氏
現存遺構	鯱（しゃち）の門、続櫓、天守台、御座の間、石垣、堀
復元遺構	本丸御殿

必見!!
機能的な造りの鯱の門
青銅製の鯱が乗る2重2階の正門で、続櫓は犬走りが巡る。

アクセス：佐賀駅から徒歩30分。佐賀駅からバスで10分

まだある名城 唐津城（佐賀県唐津市東城内）別名・舞鶴城とも呼ばれる。赤い高欄の天守は模擬で、実際は存在しなかったとされる。

| 見学1時間 | 駅から10分以内 | 復元天守 | 有料540円 | 平城 |

(主な史実) 島原の乱（1637〜1638）

猛攻にも震災にも耐えた豪壮堅固な城

島原城
しまばらじょう

長崎県島原市城内1-1183-1

徳川譜代が代々藩主
必見!!

関連史跡施設
島原武家屋敷街

島原藩士の鉄砲組が居住した一角で、別名「鉄砲町」とも呼ばれた。町は碁盤の目のように造られ、7つの町筋にはそれぞれ水路が設けられた。

風格漂う天守と高石垣

城域の中央に高さ33m、破風がない層塔風総塗込の五層の天守が建つ。今ある復元天守は昭和39年（1964）、巽三重櫓は昭和47年（1972）に再建されたもの。

必見!!
丑寅櫓など隅櫓も再建
3重で、外観は大天守同様シンプル。昭和55年（1980）に復元。

城DATA
別名	森岳（もりたけ）城、高来（たかき）城
築城年	寛永元年（1624）
築城者	松倉重政
主な城主	松倉氏、高力氏、松平[深溝]氏、戸田氏
現存遺構	石垣、堀
復元遺構	天守、巽三重櫓、丑寅三重櫓、御馬見所、長塀

(アクセス) 島原駅から徒歩5分

| 見学1時間 | 駅から1時間以上 | 天守なし | 無料 | 平山城 |

(主な史実) 島原の乱（1637〜1638）

三万人が三カ月籠城した最期の砦

原城
はらじょう

長崎県南島原市南有馬町丁133

悲劇を今に伝える破壊の痕
必見!!

関連史跡施設
天草四郎メモリアルホール

肥前島原と天草島のキリシタン信徒が起こした「天草・島原の乱」の歴史的背景や南蛮文化を、資料や映像で分かりやすく伝える博物館。

破壊跡も残る本丸石垣

一国一城令で廃城となるも、20年後の一揆で拠点となり、3カ月もの籠城に耐えた。本丸は石垣で堅固に囲まれていたが、乱後に破壊され、今はわずかに低く残るのみ。

必見!!
大空堀で本丸を孤島化
本丸手前の空堀は、深さ10m×幅20m。島原の乱の反乱軍が築いた可能性が高い。

城DATA
別名	日暮（ひぐれ）城
築城年	明応5年（1496）
築城者	有馬貴純
主な城主	有馬氏
現存遺構	石垣、空堀
復元遺構	

(アクセス) 島原駅からバス1時間5分

まだある名城 玖島城（長崎県大村市玖島）別名・大村城。見事な反りの高石垣は、加藤清正の指導を受けたものとも伝わる。

| 見学2時間 | 港30分以内 | 天守なし | 無料 | 山城 |

清水山城 しみずやまじょう

兵站基地として朝鮮出兵を後方支援

長崎県対馬市厳原町西里

国境際の半島への最前線

関連史跡施設
厳原港（いづはら）
秀吉の朝鮮出兵の際に玄関口となった港。江戸時代の鎖国期には、幕府公認の朝鮮交易港や朝鮮通信使の中継港として、大きな役割をはたしていた。

本丸南東側に二重平虎口
本丸から先端の三ノ丸までを尾根伝いに石垣で固めている。本丸の二ノ丸側の南東に開いた虎口は、外側と内側に2重の平虎口をもつ珍しい造りである。

必見!!

二ノ丸東の枡形虎口
登り石垣のようになっている見事な枡形虎口。

必見!!

城DATA
別名	─
築城年	天正19年（1591）
築城者	毛利高政
主な城主	毛利高政
現存遺構	石垣
復元遺構	

アクセス 厳原港から徒歩20分

| 見学1時間 | 駅30分以内 | 模擬天守 | 有料510円 | 平山城 |

平戸城 ひらどじょう

日本で唯一ここだけの"山鹿流縄張り"

長崎県平戸市岩の上町1458

海岸美も見ごたえあり

関連史跡施設
松浦史料博物館
城主松浦氏に伝わる資料3万点のうち、約200点を展示している。秀吉のバテレン追放令や大名婚礼調度品などといった、貴重な資料もある。

必見!!

天守より見奏櫓＆海
3方の海を天然の外堀とする城で、縄張りは山鹿流兵学の開祖・山鹿素行と伝えられる。昭和37年（1962）に復元された三層五階建て天守からの眺めは絶景。

城DATA
別名	亀岡城、亀甲（きっこう）城、日之嶽（ひのたけ）城
築城年	慶長4年（1599）、宝永元年（1704）
築城者	松浦鎮信、松浦棟
主な城主	松浦氏
現存遺構	狸櫓、北虎口門[搦手門]
復元遺構	天守、見奏櫓、乾櫓、地蔵坂櫓、懐柔櫓

必見!!

木造建築の北虎口門と狸櫓
旧亀岡城築城当時のまま現存する木造建築物。門の軒丸瓦は松浦氏家紋が入る。

アクセス たびら平戸口駅からバス15分、徒歩10分

まだある名城 金田城（長崎県対馬市美津島町黒瀬城山）天智天皇6年（667）築城。1kmにも及ぶ石垣は圧巻の一言。

中津城 なかつじょう

時代を紡ぐ石垣が残る川岸の水城

大分県中津市二ノ丁本丸

主な史実：城井鎮房暗殺（1588）

天下を窺った黒田家の意気を感じる

関連史跡施設
若籏（わかはた）神社
犬丸城攻めの際、黒田氏が陣を張った場所と言われる。黒田官兵衛が石垣原の合戦で勝利した際には、弓二張を奉納したと伝わる。

必見!!
日本三大水城の1つ
本丸を巡る水堀は当初から全周せず、現存部分がそのすべて。かつての天守は存在せず、土塀でつながる二重櫓も模擬建造物である。

必見!!
二時代を連結する石垣
天守北側の堀の石垣にYの目地が通る部分が、黒田時代と細川時代の連結部分。

城DATA
別名	中津川城（なかつがわのじょう）、扇城（せんじょう）、小犬丸城、丸山城
築城年	天正16年（1588）
築城者	黒田官兵衛孝高
主な城主	黒田氏、細川氏、小笠原氏、奥平氏
現存遺構	石垣、堀、土塁
復元遺構	天守、二重櫓、塀

アクセス：中津駅から徒歩15分

角牟礼城 つのむれじょう

島津の猛攻に耐えた難攻不落の要害

大分県玖珠町森

主な史実：角牟礼城の戦い（1586〜1587）

紅葉時期は石垣も彩り豊かに

関連史跡施設
森陣屋
城を築いた豊後森氏の藩庁が置かれていた場所。久留島陣屋とも呼ばれ「玉濃井」と呼ばれる古井戸や「栖鳳楼」と称する2階建ての茶室が現存している。

必見!!
状態の良い水の手石垣
二の丸の南東下にある水の手には、高さ6mほどで東へ長く延びる石垣や井戸跡が残る。続く道の眼下には畝状竪堀群がある。

必見!!
本丸北側に残る石垣跡
本丸周囲には土塁、南側に階段状の虎口、北側に石垣跡。その石垣上には櫓跡があった。

城DATA
別名	
築城年	弘安年間（1278-1288）
築城者	森朝通
主な城主	森氏、毛利氏（藤原氏）
現存遺構	石垣、土塁、井戸、竪堀
復元遺構	

アクセス：豊後森駅から車10分

まだある名城 長岩城（大分県中津市耶馬溪町川原口）広大な山中の各所に石積の数々。砲座や石積櫓など他にはない貴重な遺構も。

臼杵城（うすきじょう）

大分県臼杵市臼杵丹生島

大砲で島津軍を蹴散らした武勇伝をもつ

見学1時間／駅から10分以内／天守なし／無料／水城

主な史実 臼杵城の戦い（1586）

島に築かれた名残も

関連史跡施設　二王座（におざ）
白壁の屋敷と石畳が印象的な、岩を削って作られた坂道。明治10年（1877）の西南戦争の折には、臼杵城に攻め寄せる薩摩軍と臼杵隊との争いもあった。

必見!!

断崖上の大手門と畳櫓
急峻な島に築かれた島城であったが、後に周囲が埋め立てられ平山城に。断崖絶壁に建つ二重櫓は現存遺構の畳櫓で、正面の二之丸大手門と土塀は復元されたものである。

城DATA
別名	丹生島（にうじま）城、亀城
築城年	永禄5年（1562）
築城者	大友宗麟
主な城主	大友氏、福原氏、太田氏、稲葉氏
現存遺構	畳櫓、卯寅口門脇櫓、石垣、堀
復元遺構	二ノ丸大手門、土塀

アクセス 臼杵駅から徒歩10分

必見!!
裏を守る卯寅口門脇櫓
裏門にあたる卯寅口は緊急脱出用。櫓は当城で2つの現存遺構の1つ。

佐伯城（さいきじょう）

大分県佐伯市大手町

精密な技巧で築かれた総石垣が圧巻

見学1時間／駅から30分以内／天守なし／無料／山城

石垣の指揮は姫路城と同一人物

関連史跡施設　養賢寺（ようけんじ）
初代藩主・毛利高政により慶長10年（1605）に創建された寺院。本堂には歴代佐伯藩主の位牌が、庫裏の後ろには歴代藩主の墓が並んでいる。

必見!!

丸い隅角の本丸石垣
遺構としては三ノ丸櫓門だけだが、城跡を示す石垣はほぼ完全に残る。特に山頂の本丸には、隅角部分を丸く仕上げた独特の積み方の石垣があり、当時の高い技術が窺える。

城DATA
別名	鶴ヶ城（つるがじょう）、鶴屋［鶴谷］城
築城年	慶長11年（1606）
築城者	毛利高政
主な城主	毛利氏
現存遺構	三の丸御殿櫓門、石垣、堀切、天守台
復元遺構	

アクセス 佐伯駅から徒歩20分

必見!!
堀切上に架かる廊下橋
石垣がV字に切断され、底の道は二ノ丸から北ノ丸への抜け道になっている。

まだある名城 府内城（大分県大分市荷揚町）慶長2年（1597）、大友氏の後を受けた福原直高が築城。宗門櫓、人質櫓が現存。

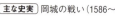

主な史実 岡城の戦い（1586〜1587）

岡城 おかじょう

断崖上の尾根全域を彩る壮大な石垣群

大分県竹田市竹田2761

驚異の高低差

必見!! 圧巻の三ノ丸高石垣
稲葉川と白滝川に挟まれた長い台地に、尾根を伝い東から西へ御廟、本丸、二ノ丸、三ノ丸、西ノ丸が点在する。南北は崖で、切込接の高石垣を構築。中でも、桜馬場跡から臨む三ノ丸高石垣は圧巻だ。400年前に人力で築かれたのが信じられない。

必見!! 屈曲道を登り大手門へ
大手門までは曲がりくねった急な石段の道が続く。巨大な立方体の大手門跡には、鏡石や笑い積みが組み込まれ、石工の技量の高さを見せつけている。門内には、門柱の穴が彫られた礎石群も残る。

必見!! 三ノ丸枡形虎口
三ノ丸は入口に立派な太鼓櫓門跡があり、その先が枡形虎口。枡形正面の石垣は巨石が埋め込まれ、来る者を威圧感たっぷりに迎え撃つ。当時は、この上に多聞櫓が建っていたものと推測される。

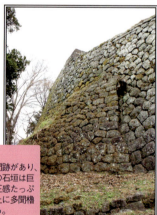

 城DATA

別名	臥牛（がぎゅう）城、豊後竹田（ぶんごたけだ）城
築城年	文治元年（1185）
築城者	緒方惟義
主な城主	緒方氏、志賀氏、中川氏
現存遺構	石垣
復元遺構	

アクセス 豊後竹田駅から徒歩25分。豊後竹田駅からバス5分、徒歩15分

関連史跡施設
御客屋敷

江戸時代、身分が武士以上の客人をもてなすために使用していた屋敷。著名な客人としては、延岡藩内藤氏の立の姫君や、豊後の測量に来藩した伊能忠敬（いのうただたか）の名が挙がる。幾度となく火災に見舞われ、現在の建物は文化3年（1806）に建築されたものの、当時の3分の1の大きさとなった。明治6年（1873）の百姓一揆の際に受けた、鍬や鎌による傷跡が残っている。現在は「茶房御客屋」として、休憩や食事に利用できる。

まだある名城 杵築城（大分県杵築市杵築）天正14年（1586）、4万人もの薩摩の大軍にも屈しなかった難攻不落の城塞。

主な史実 高城の戦い（1587）

都於郡城

とのこおりじょう

ド迫力の堀切と土塁が連なる土の城

宮崎県西都市鹿野田

見学2時間／駅から30分以内／天守なし／無料／山城

土塁と空堀の絶妙なコラボ

必見!!

曲輪が深い空堀で分断
標高80m超の台地に築かれた群郭式山城。本丸、二ノ丸、三ノ丸、奥ノ城、西ノ城の5つの曲輪が各々広大で、間は深い空堀で独立している。本丸と二ノ丸の間の空堀は深さ10m、幅20m以上ある。城内は芝生敷きで整備され、形がよくわかる。

必見!!

本丸内にある土塁
虎口からは離れた場所にある、本丸内の土塁。かつて本丸にあったされる古墳の名残であるのかもしれない。本丸東側には石垣こそ用いていないが、近世城郭の枡形虎口と同じ発想の虎口がある。

必見!!

奥ノ城の土塁も明確
奥ノ城の土塁も、高さ10m以上を有する。斜面には木が1本なく、万が一足を踏み外したら、下までノンストップで落ちるだろう。曲輪内部にも藪はなく、築城当時の様相をそのまま見ることができる。

城DATA

別名	浮船（うきふね）城
築城年	建武4年（1337）
築城者	伊東祐持
主な城主	伊東氏、島津氏
現存遺構	空堀、土塁、堀切
復元遺構	

アクセス　佐土原駅から車30分

関連史跡施設
木崎原（きざきばる）古戦場

木崎原の戦いは元亀3年（1572）、伊藤義祐と島津義弘の間で行われた合戦。およそ3000の大軍を擁していた伊藤氏が、わずが300ばかりの島津氏に退かされたことでも知られる。800人以上の戦死者が出た日もあり、島津氏は六地蔵塔を造り、戦死者の霊を供養した。塔は樹齢400年以上の杉に囲まれている。ほか、伊東方の戦死者の首を埋葬した首塚、近くには島津方が血に染まった刀を洗ったとされる「太刀洗（たちあらい）川」が流れる。

まだある名城　延岡城（宮崎県延岡市東本小路）「千人殺し」石垣とは、石をひとつ抜くと一挙に崩壊し千人を殺せるとの伝承から。

| 見学1時間 | 駅から30分以内 | 天守なし | 無料 | 山城 |

主な史実 木崎原の戦い（1572）、高城の戦い（1587）

佐土原城 さどわらじょう
宮崎県宮崎市佐土原町上田島追手ほか

天守台跡の遺構から往時を想像できる

関連史跡施設
宮崎市佐土原歴史資料館

文化財管理センター、商家資料館、鶴松館の3施設からなる。鶴松館は佐土原城跡の遺構に基づいて、二の丸跡には、大広間、書院、数寄屋が復元されている。

必見!!
天守台に石列が残る
石列のほか、枡形虎口も確認でき近世城郭化されていたことがわかる。

堀底道は危険がいっぱい

必見!!
大手道はV字の堀底道
本丸など5つの曲輪が階段的に配置された縄張。本丸を目指す大手道は深いV字型に切り込ませた堀底道で、侵入する敵に逃げる隙を与えずに、左右から攻撃できる仕掛けになっている。

城DATA
別名	田島城、鶴松（かくしょう）城
築城年	建武年間（1334〜1338）
築城者	田島休助
主な城主	田島氏、伊東氏、島津氏
現存遺構	本丸跡、堀切、天守台
復元遺構	二の丸御殿

アクセス 佐土原駅からバス15分、徒歩10分

| 見学1時間 | 駅から30分以内 | 天守なし | 有料610円 | 平山城 |

飫肥城 おびじょう
宮崎県日南市飫肥9

伊東氏と島津氏が100余年も領有権を争った

関連史跡施設
飫肥の城下町

伊東氏が十四代にわたって藩主を務めた「九州の小京都」。武家屋敷や商家、漆喰塀が残り、石垣の脇を水路が走る情緒あふれる町並。

必見!!
釘なしで建てた大手門
樹齢100年以上の飫肥杉を用い、釘を使用しない組み式という伝統工法で、昭和53年（1978）に模擬外観復元造物として再建された。

杉の古木が周囲を囲む

必見!!
旧本丸虎口と飫肥杉
江戸初期の地震被害後、御殿は移転。旧本丸虎口は飫肥杉の林となっている。

城DATA
別名	飫肥院（おびいん）
築城年	戦国初期、貞享3年（1686）
築城者	土持氏、伊東祐実
主な城主	土持氏、島津季久、新納氏、島津豊洲氏、伊東氏
現存遺構	丸石垣、空堀
復元遺構	松尾の丸（御殿）、櫓門、大手門、塀

アクセス 飫肥駅から徒歩15分

まだある名城 高鍋城（宮崎県高鍋町上江嶋田）斉衡年間（854〜857）築城と歴史は古い。江戸初期に改修。高石垣が見応え充分。

| 見学1時間 | 駅から30分以内 | 復元天守 | 無料※ | 平山城 |

主な史実 肥後国人一揆(1587)、西南戦争(1877)
※天守復旧後は有料

熊本城 くまもとじょう

熊本県熊本市中央区本丸1-1

震災復興への思いを背に再建が進む

誰もが魅入られる〝黒の美〟

必見!!
偉容を誇る大小の天守
大小の天守は西南戦争で焼失したが、昭和35年(1960)、鉄筋コンクリート造りで外観復元された。平成28年(2016)、熊本地震で瓦や石垣に被害を受けて現在は再建中で、大天守2019年、小天守2021年の復旧を目指す。その様子を二ノ丸広場と加藤神社から見ることができる。

必見!!
不屈の宇土櫓
本丸西北、20mの高石垣に建つ3層5階地下1階の櫓で、第3の天守とも。400年の風雪や砲撃に耐えた。

必見!!
飯田丸五階櫓の奇跡
平成17年(2005)、木造復元、石垣が熊本地震で大きく崩れ、一筋で建物を支える状態が「奇跡の一本石垣」と話題に。現在復旧工事中。

城DATA

別名	銀杏(ぎんなん)城
築城年	慶長12年(1607)
築城者	加藤清正
主な城主	加藤氏、細川氏
現存遺構	櫓群、不開門、長塀、石垣、堀
復元遺構	大小天守、平櫓、馬具櫓、西大手門、数寄屋丸二階広間、南大手門、西出戌亥櫓、未申櫓、元太鼓櫓、飯田丸五階櫓、本丸御殿大広間

アクセス 熊本駅からバス20分

関連史跡施設
本妙寺

秀吉配下で功名をあげた「賤ヶ岳の七本槍」の1人で、熊本城の築城者として知られる加藤清正が祀られている寺院。加藤家代々の菩提寺で、400年の歴史をもつ。本殿へは「胸突雁木」と呼ばれる、脇に石灯籠がずらりと並ぶ急勾配の石段を登る。浄池廟本殿は建物全体が清正公の墓となっていて、中には清正公の木造が安置されている。境内には昭和10年(1935)に建立された、片手槍を持つ高さ約17mの清正公の銅像がそびえ立つ。

まだある名城 筒ヶ嶽城(熊本県荒尾市府本小代) 険しい山上まで登るのは大変だが、竪横の堀、土塁、堀切など遺構が良好な状態で残る。

主な史実 人吉城の戦い(1526)、九州征伐(1587)

人吉城
ひとよしじょう

槹出の石垣と天然の川掘をもつ

熊本県人吉市麓町18-4

関連史跡施設
青井阿蘇神社

約1200年前の大同元年(806)創建。氏神として相良家歴代藩主が篤く崇敬した。現在の社殿は江戸初期のもので、本殿、楼門など5棟が国宝。

石垣に隠された密かな技巧 **必見!!**

日本一の武者返し

幕末に施された「武者返し」と呼ばれる石垣のはね出しは、ヨーロッパの築城技術を用いた造りで、日本では他には五稜郭と鶴岡城のみ。規模は当城が最も大きい。

西外曲輪の復元櫓群 必見!!
天然の水堀、胸川に沿って隅櫓から土塀、多聞櫓まで復元遺構が建ち並ぶ。

城DATA

別名	球麻(くま)城、繊月(せんげつ)城、三日月城
築城年	建久10年(1199)、文明2年(1470)、天正17年(1589)
築城者	相良長頼、相良為続、相良長毎
主な城主	相良氏
現存遺構	大型井戸を伴う地下室二基、石垣、土塁
復元遺構	多門櫓、角櫓、長塀、堀合門

アクセス 人吉駅から徒歩20分

八代城
やつしろじょう

白い石灰岩の美しい石垣と立派な水堀の城

熊本県八代市松江城町

関連史跡施設
八代の城下町

城主・加藤正方による町割が、今も色濃く残る。八代城跡近くの澤井家住宅、長屋門は、幕末から明治初年ごろに建てられたとされる、武家屋敷の貴重な遺構。

高さの異なる石垣が敵を防ぐ **必見!!**

水堀越しの本丸表枡形

本丸は東に表枡形門(写真)、北に裏枡形門の2方に虎口が開かれていた。表枡形は四方を石垣で囲み、鍵の手状に2カ所の門を設けた構造だった。

大小天守台は石灰岩製 必見!!
築城時、本丸の北西脇に5層の大天守と2層3階の小天守が連立していた。

城DATA

別名	松江城、白鷺(しらさぎ)城、白石城、不知火(しらぬい)城
築城年	元和8年(1622)
築城者	加藤正方
主な城主	加藤氏、細川氏、松井氏
現存遺構	本丸天守台、石垣、堀
復元遺構	

アクセス 八代駅からバス15分

まだある名城 宇土城(熊本県宇土市古城町) 加藤清正と肥後を二分していた豊臣政権の重鎮・小西行長の城。本丸の石垣が残る。

158

佐敷城 さしきじょう

熊本県芦北町佐敷下町

堅牢な石垣に囲まれた加藤清正築の名城

見学1時間／駅から30分以内／天守なし／無料／山城

主な史実｜梅北一揆（1592）、佐敷城の戦い（1600）

関連史跡施設 梅北神社

秀吉の支配に対する反乱とされる、文禄元年（1592）の「梅北一揆」を率いた、島津家の武将梅北国兼を祭神として祀る。西郷従道が献納した石碑がある。

必見!! 本丸北側の通路
石垣の合間を一直線に伸びる、極めてレアな縄張。確かに両側から攻撃できるが、それにしてもあまりに個性的。

清正の巧みな技を発見

必見!! 巧みな仕掛けの大手口
単に直角に曲がる虎口ではなく、よく見ると石段が微妙に不規則で、向かう方向も歪んでいる。細かいが、敵を惑わせる仕掛けといえるだろう。

城DATA

別名	
築城年	南北朝時代、天正16年（1588）
築城者	不明、加藤清正
主な城主	佐敷氏、相良氏、島津氏、宮原氏、加藤氏
現存遺構	石垣、堀切
復元遺構	

アクセス｜佐敷駅から徒歩20分

鹿児島城 かごしまじょう

鹿児島県鹿児島市城山町7-2

日本史上最後の合戦地で西郷どんが散った

見学30分以内／駅から30分以内／天守なし／無料／平山城

主な史実｜薩英戦争（1863／対英国軍）

関連史跡施設 城山

政府軍に対し薩軍が立てこもった、西南戦争終焉の地。西郷隆盛がここで5日間過ごした後、最後を遂げた洞窟がある。展望台からは桜島や鹿児島市街地を一望できる。

水堀のあった時代を想像したい

必見!! 本丸と二ノ丸間の石垣
本丸と二ノ丸の境にあった短い水堀は埋め立てられ、現在は石垣の状態になっている。整形した石を整然と積んだ切込接布積みで排水口らしい樋跡や穴がある。

必見!! 2020年に御楼門が復活予定
正門にあたる御楼門（ごろうもん）は、天守をもたないこの城のかつての主役。

城DATA

別名	鶴丸（つるまる）城
築城年	慶長7年（1602）
築城者	島津家久
主な城主	島津氏
現存遺構	石垣、堀、石橋
復元遺構	

アクセス｜鹿児島中央駅から徒歩12分。鹿児島駅からバス12分

まだある名城｜伊作城（鹿児島県日置市吹上町中原）義久・義弘・歳久・家久の四兄弟ほか、島津家の名だたる面々の誕生石がズラリ。

|見学2時間|駐車場なし|天守なし|有料400円|山城|

【主な史実】今帰仁城の戦い（1416または1422・1609）

今帰仁城 なきじんぐすく
沖縄県今帰仁村今泊5101

小石を積んだ城壁の曲線美が圧巻

関連史跡施設
今帰仁村歴史文化センター
今帰仁城址に併設された展示施設で、昔の生活道具や写真などで今帰仁の歴史を紹介。発掘調査により完全な形で発見された、貴重な中国の青磁などを収蔵。

一帯をぐるりと囲む石塁
必見!!

堅牢に築かれた石垣
標高約100mのなだらかな斜面地を利用して、灰色の琉球石灰岩を積んだ石垣が連なる。波のように蛇行する様は、沖縄古民謡で百曲り（ももまがり）と謳われる。

城DATA
別名	北山城（ほくざんぐすく）
築城年	13世紀末頃
築城者	不詳
主な城主	怕尼芝（はにじ）、珉（みん）、攀安知（はんあんち）
現存遺構	御内原（うーちばる）、大隅（うーしみ）、志慶真門郭（しじまじょうくるわ）、平郎門、石垣
復元遺構	

【アクセス】那覇空港からバス2時間30分

必見!!
城壁越しに海を見る
沖縄のグスクは、日本の城とは明らかに異なる。大陸的な造りは、上方からの角度があるとよくわかる。南国の濃い緑とのコントラストも素晴らしい。

|見学2時間|駅から30分以internal|天守なし|有料820円|平山城|

【主な史実】志魯・布里の乱（1453）、琉球侵攻（1609）

首里城 しゅりじょう
沖縄県那覇市首里金城町1-2

王国の威容を誇る数々の荘厳な門

関連史跡施設
玉陵（たまうどぅん）
琉球王国第3代国王・尚真（しょうしん）が明応10［文亀元］年（1501）頃に創建したと伝えられる、第二尚氏王統歴代の陵墓。3室に分かれた墓室が特徴。

琉球独特の赤瓦
必見!!

鮮やかな琉球色の正殿
現在の建物は18世紀初めの正殿をモデルに平成4年（1992）復元したもので、2層3階の木造。極彩色を用いた中国の宮廷様式や龍を多用した琉球様式。

城DATA
別名	首里城（すいぐすく）、御城（うぐしく）
築城年	14世紀末頃
築城者	不明
主な城主	尚氏
現存遺構	石垣、石畳路、龍樋（りゅうひ）
復元遺構	正殿、書院、鎖之間、守礼門・園比屋武御嶽石門・歓会門、首里森御嶽（すいむいうたき）、西のアザナ、北殿、南殿、番所など

【アクセス】首里駅から徒歩15分

必見!!
円弧を描く美しい石垣
城の正門・歓会門付近の石垣はアーチ状に構築。本土にはない美的な意匠だ。

【まだある名城】座喜味城（沖縄県読谷村座喜味城原）護佐丸（ごさまる）築城と伝わる。石積の遺構が良好で、アーチ門が特に印象的。

城攻めに持参したいアイテム
✓チェックリスト

☐ **縄張図**
これがなければ始まらない。イラストマップタイプと地形図タイプ、2種あるとベスト。

☐ **方位磁石**
山城はもちろん、市街地の平城でも、縄張図を目の前の風景と照らし合わせるのに便利。

☐ **GPSロガー**
スマホや携帯アプリでも可。帰宅後にログ記録を地図に載せれば、二重に楽しめる。

☐ **カメラ＆予備バッテリー**
いくつかの城をハシゴするなら、2～3本はバッテリーを持って行きたい。

☐ **折り畳み傘**
コンパクトに折りたためる傘が手元にあれば、多少の雨でも城内での撮影も可能だ。

※以下は主に山城を訪れる際に

☐ **虫除けスプレー**
自然系の城に行く際、特に夏から秋にかけての時期は、持参したほうがよい。

☐ **ストック**
勾配のきついところは、現地に杖が設置されている場合もあるが、持参した方が安心。

☐ **熊よけ鈴**
リュックにぶら下げておくと安心。100均やディスカウントストアでも入手可。

☐ **雨合羽**
ポンチョタイプではなく、トレッキング用の上下セパレートタイプがオススメ。

☐ **絆創膏**
刺が刺さったり、斜面を滑り落ちて擦りむいたり。山ではケガはつきもの。

☐ **ライト**
日没前の下山は必須だが、万一迷ってしまった時用に。ゴムのヘッドバンド付きがいい。

☐ **行動食**
こちらも、万一に備えて。ビスケットや飴など、糖分がすぐ吸収できる菓子がいい。

☐ **飲み物**
所要時間や勾配の度合いを加味し、必要と思われる量の倍は持ち歩きたい。

さくいん

あ

- 会津若松城（福島県）……20
- 明石城（兵庫県）……104
- 芥川山城（大阪府）……100
- 明智城（岐阜県）……60
- 赤穂城（兵庫県）……104
- 安土城（滋賀県）……86
- 安濃津城（三重県）……90
- 飯盛山城（大阪府）……100
- 伊賀上野城（三重県）……92
- 石垣山一夜城（神奈川県）……38
- 出石城（兵庫県）……108
- 一乗谷城（福井県）……74
- 一宮城（徳島県）……135
- 犬居城（静岡県）……54
- 犬山城（愛知県）……59
- 今治城（愛媛県）……137
- 岩国城（山口県）……127
- 岩槻城（埼玉県）……37
- 岩殿城（山梨県）……47
- 岩櫃城（群馬県）……27
- 岩屋城（岡山県）……118
- 岩村城（岐阜県）……62
- 岩屋城（福岡県）……122
- 羽衣石城（鳥取県）……146
- 上田城（長野県）……43
- 臼杵城（大分県）……113
- 宇陀松山城（奈良県）……153
- 宇都宮城（栃木県）……30
- 宇和島城（愛媛県）……138
- 越前大野城（福井県）……77
- 江戸城（東京都）……33
- 大垣城（岐阜県）……60
- 大河内城（三重県）……91
- 大坂城（大阪府）……99
- 大洲城（愛媛県）……137
- 大多喜城（千葉県）……35
- 大野城（福岡県）……146
- 岡山城（愛知県）……154
- 岡崎城（大分県）……57
- 岡城（岡山県）……119
- 岡山城（高知県）……140
- 岡豊城（兵庫県）……105
- 置塩城（滋賀県）……83
- 小谷城（神奈川県）……39
- 小田原城（茨城県）……31
- 小幡城（福井県）……79
- 小浜城（宮崎県）……156
- 飫肥城

か

- 鎌掛城（滋賀県）……89
- 掛川城（静岡県）……53
- 鹿児島城（鹿児島県）……158
- 笠間城（茨城県）……32

城名	都道府県	頁
春日山城	新潟県	68
月山富田城	島根県	116
勝山城	山梨県	48
勝山城	山口県	129
葛尾城	長野県	44
金山城	石川県	74
金山城	宮城県	15
金山城	群馬県	28
金ヶ崎城	福井県	77
鎌刃城	滋賀県	85
上赤坂城	大阪府	101
唐沢山城	栃木県	29
烏山城	栃木県	31
観音寺城	滋賀県	87
城井谷城	福岡県	148
岸和田城	大阪府	102
鬼ノ城	岡山県	120
岐阜城	岐阜県	59
郡上八幡城	岐阜県	63
国吉城	福井県	79

さ

城名	都道府県	頁
九戸城	岩手県	11
久保田城	秋田県	12
熊本城	熊本県	157
久留里城	千葉県	36
玄蕃尾城	滋賀県	72
黒峰城	石川県	82
高知城	高知県	139
上月城	兵庫県	106
高嶺城	山口県	128
甲府城	山梨県	49
郡山城	奈良県	94
小倉城	福岡県	147
小諸城	長野県	45
五稜郭	北海道	8
佐伯城	大分県	153
佐賀城	佐賀県	149
坂戸城	新潟県	69
佐倉城	千葉県	35
佐敷城	熊本県	159
佐土原城	宮崎県	156
鮫ヶ尾城	新潟県	69
佐和山城	滋賀県	85
新発田城	新潟県	66
島原城	長崎県	150
清水山城	滋賀県	88
清水山城	長崎県	151
周山城	京都府	97
首里城	沖縄県	160
白河小峰城	福島県	22
白旗城	兵庫県	106
白石城	宮城県	17
新府城	山梨県	48
杉山城	埼玉県	37
洲本城	兵庫県	102
駿府城	静岡県	51
仙台城	宮城県	16
千本城	千葉県	36

た

杣山城（福井県）……76

高岡城（富山県）……71
高島城（長野県）……45
高天神城（静岡県）……52
高遠城（長野県）……46
高取城（奈良県）……95
高松城（香川県）……132
滝山城（東京都）……33
多気山城（栃木県）……30
多聞山城（奈良県）……107
竹田城（兵庫県）……145
立花山城（福岡県）……98
田辺城（京都府）……94
千早城（大阪府）……101
長光寺城（滋賀県）……89
角牟礼城（大分県）……152
津山城（岡山県）……122

二本松城（福島県）……117
韮山城（静岡県）……120
後瀬山城（福井県）……135
津和野城（島根県）……67
天神山城（岡山県）……112
徳島城（徳島県）……155
栃尾城（新潟県）……71
鳥取城

な

富山城（富山県）……71

都於郡城（宮崎県）……129
中津城（大分県）……14
長篠城（愛知県）……34
苗木城（岐阜県）……38
名胡桃城（群馬県）……117
名護屋城（佐賀県）……150
名古屋城（愛知県）……55
七尾城（石川県）……26
新高山城（広島県）……160
二条城（京都府）……152

は

萩城（山口県）……61

八王子城（東京都）……55
長谷堂城（山形県）……73
鉢形城（埼玉県）……149
浜田城（島根県）……58
浜松城（静岡県）……26
原城（長崎県）……160
引田城（香川県）……152
彦根城（滋賀県）……55
備中松山城（岡山県）……61
人吉城（熊本県）……96
日野山城（広島県）……126
桧原城（福島県）……21
姫路城（兵庫県）……103

19
51
78

134
84
121
158
126
150

164

ま

- 檜山城（秋田県） 13
- 平戸城（長崎県） 151
- 弘前城（青森県） 10
- 広島城（広島県） 124
- 福岡城（福岡県） 144
- 福知山城（京都府） 98
- 福山城（広島県） 123
- 二俣城（静岡県） 54
- 増山城（富山県） 70
- 松江城（島根県） 115
- 松倉城（岐阜県） 63
- 松倉城（富山県） 72
- 松阪城（三重県） 91
- 松代城（長野県） 43
- 松前城（北海道） 9
- 松本城（長野県） 42
- 松山城（愛媛県） 136

や

- 盛岡城（岩手県） 12
- 村上城（新潟県） 67
- 向羽黒山城（福島県） 21
- 三原城（広島県） 127
- 箕輪城（群馬県） 26
- 水戸城（茨城県） 32
- 丸亀城（香川県） 133
- 丸岡城（福井県） 75
- 丸子城（静岡県） 56
- 八上城（兵庫県） 105
- 屋嶋城（香川県） 132
- 八代城（熊本県） 158
- 山形城（山形県） 14
- 山崎城（京都府） 96
- 山吹城（島根県） 118
- 山中城（静岡県） 50
- 要害山城（山梨県） 49

ら

- 吉田郡山城（広島県） 125
- 米沢城（山形県） 114
- 米子城（鳥取県） 15
- 霊山城（福島県） 18

わ

- 若桜鬼ヶ城（鳥取県） 113
- 和歌山城（和歌山県） 108

165

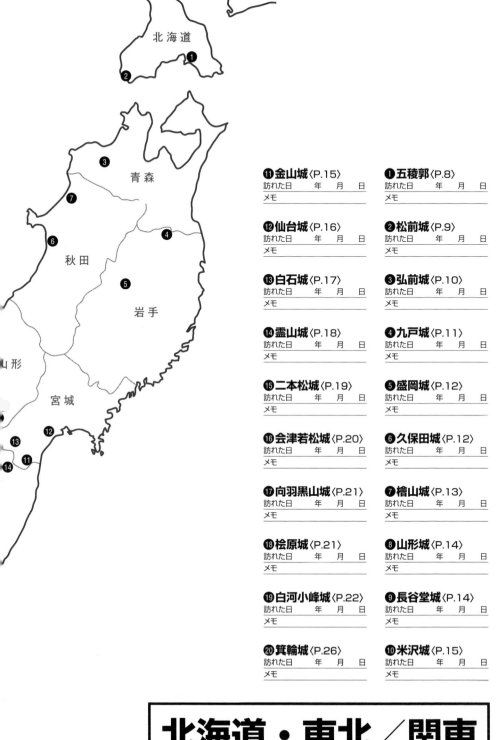

目指せ全国統一!!
書き込み式 城攻め マップ

本書で紹介した日本全国200の城、いくつ訪れたことがあるでしょうか？ 訪問年月日や感想などを書き込んで、「城攻め」の記録としてお使いください。

㉝ 八王子城〈P.34〉
訪れた日　　年　　月　　日
メモ

㉞ 佐倉城〈P.35〉
訪れた日　　年　　月　　日
メモ

㉟ 大多喜城〈P.35〉
訪れた日　　年　　月　　日
メモ

㊱ 久留里城〈P.36〉
訪れた日　　年　　月　　日
メモ

㊲ 千本城〈P.36〉
訪れた日　　年　　月　　日
メモ

㊳ 岩槻城〈P.37〉
訪れた日　　年　　月　　日
メモ

㊴ 杉山城〈P.37〉
訪れた日　　年　　月　　日
メモ

㊵ 鉢形城〈P.38〉
訪れた日　　年　　月　　日
メモ

㊶ 石垣山一夜城〈P.38〉
訪れた日　　年　　月　　日
メモ

㊷ 小田原城〈P.39〉
訪れた日　　年　　月　　日
メモ

㉓ 金山城〈P.28〉
訪れた日　　年　　月　　日
メモ

㉔ 唐沢山城〈P.29〉
訪れた日　　年　　月　　日
メモ

㉕ 宇都宮城〈P.30〉
訪れた日　　年　　月　　日
メモ

㉖ 多気山城〈P.30〉
訪れた日　　年　　月　　日
メモ

㉗ 烏山城〈P.31〉
訪れた日　　年　　月　　日
メモ

㉘ 小幡城〈P.31〉
訪れた日　　年　　月　　日
メモ

㉙ 水戸城〈P.32〉
訪れた日　　年　　月　　日
メモ

㉚ 笠間城〈P.32〉
訪れた日　　年　　月　　日
メモ

㉛ 滝山城〈P.33〉
訪れた日　　年　　月　　日
メモ

㉜ 江戸城〈P.33〉
訪れた日　　年　　月　　日
メモ

㉑ 名胡桃城〈P.26〉
訪れた日　　年　　月　　日
メモ

㉒ 岩櫃城〈P.27〉
訪れた日　　年　　月　　日
メモ

❺❽ 高天神城〈P.52〉
訪れた日　　年　　月　　日
メモ

❺❾ 掛川城〈P.53〉
訪れた日　　年　　月　　日
メモ

❻⓿ 二俣城〈P.54〉
訪れた日　　年　　月　　日
メモ

❻❶ 犬居城〈P.54〉
訪れた日　　年　　月　　日
メモ

❻❷ 浜松城〈P.55〉
訪れた日　　年　　月　　日
メモ

❻❸ 丸子城〈P.56〉
訪れた日　　年　　月　　日
メモ

❻❹ 長篠城〈P.55〉
訪れた日　　年　　月　　日
メモ

❻❺ 岡崎城〈P.57〉
訪れた日　　年　　月　　日
メモ

❻❻ 名古屋城〈P.58〉
訪れた日　　年　　月　　日
メモ

❻❼ 犬山城〈P.59〉
訪れた日　　年　　月　　日
メモ

❻❽ 岐阜城〈P.59〉
訪れた日　　年　　月　　日
メモ

❻❾ 大垣城〈P.60〉
訪れた日　　年　　月　　日
メモ

❼⓿ 明智城〈P.60〉
訪れた日　　年　　月　　日
メモ

❼❶ 苗木城〈P.61〉
訪れた日　　年　　月　　日
メモ

❼❷ 岩村城〈P.62〉
訪れた日　　年　　月　　日
メモ

❹❸ 松本城〈P.42〉
訪れた日　　年　　月　　日
メモ

❹❹ 松代城〈P.43〉
訪れた日　　年　　月　　日
メモ

❹❺ 上田城〈P.43〉
訪れた日　　年　　月　　日
メモ

❹❻ 葛尾城〈P.44〉
訪れた日　　年　　月　　日
メモ

❹❼ 小諸城〈P.45〉
訪れた日　　年　　月　　日
メモ

❹❽ 高島城〈P.45〉
訪れた日　　年　　月　　日
メモ

❹❾ 高遠城〈P.46〉
訪れた日　　年　　月　　日
メモ

❺⓿ 岩殿城〈P.47〉
訪れた日　　年　　月　　日
メモ

❺❶ 勝山城〈P.48〉
訪れた日　　年　　月　　日
メモ

❺❷ 新府城〈P.48〉
訪れた日　　年　　月　　日
メモ

❺❸ 甲府城〈P.49〉
訪れた日　　年　　月　　日
メモ

❺❹ 要害山城〈P.49〉
訪れた日　　年　　月　　日
メモ

❺❺ 山中城〈P.50〉
訪れた日　　年　　月　　日
メモ

❺❻ 韮山城〈P.51〉
訪れた日　　年　　月　　日
メモ

❺❼ 駿府城〈P.51〉
訪れた日　　年　　月　　日
メモ

中部・東海／北陸

㊶ 増山城〈P.70〉
訪れた日　　年　　月　　日
メモ

㊷ 富山城〈P.71〉
訪れた日　　年　　月　　日
メモ

㊸ 高岡城〈P.71〉
訪れた日　　年　　月　　日
メモ

㊹ 松倉城〈P.72〉
訪れた日　　年　　月　　日
メモ

㊺ 黒峰城〈P.72〉
訪れた日　　年　　月　　日
メモ

㊻ 七尾城〈P.73〉
訪れた日　　年　　月　　日
メモ

㊼ 金沢城〈P.74〉
訪れた日　　年　　月　　日
メモ

㊽ 一乗谷城〈P.74〉
訪れた日　　年　　月　　日
メモ

㊾ 丸岡城〈P.75〉
訪れた日　　年　　月　　日
メモ

㊿ 杣山城〈P.76〉
訪れた日　　年　　月　　日
メモ

�91 越前大野城〈P.77〉
訪れた日　　年　　月　　日
メモ

�92 金ヶ崎城〈P.77〉
訪れた日　　年　　月　　日
メモ

�93 後瀬山城〈P.78〉
訪れた日　　年　　月　　日
メモ

�94 小浜城〈P.79〉
訪れた日　　年　　月　　日
メモ

�95 国吉城〈P.79〉
訪れた日　　年　　月　　日
メモ

㊷ 郡上八幡城〈P.63〉
訪れた日　　年　　月　　日
メモ

㊸ 松倉城〈P.63〉
訪れた日　　年　　月　　日
メモ

㊹ 新発田城〈P.66〉
訪れた日　　年　　月　　日
メモ

㊺ 村上城〈P.67〉
訪れた日　　年　　月　　日
メモ

㊻ 栃尾城〈P.67〉
訪れた日　　年　　月　　日
メモ

㊼ 春日山城〈P.68〉
訪れた日　　年　　月　　日
メモ

㊽ 鮫ヶ尾城〈P.69〉
訪れた日　　年　　月　　日
メモ

㊾ 坂戸城〈P.69〉
訪れた日　　年　　月　　日
メモ

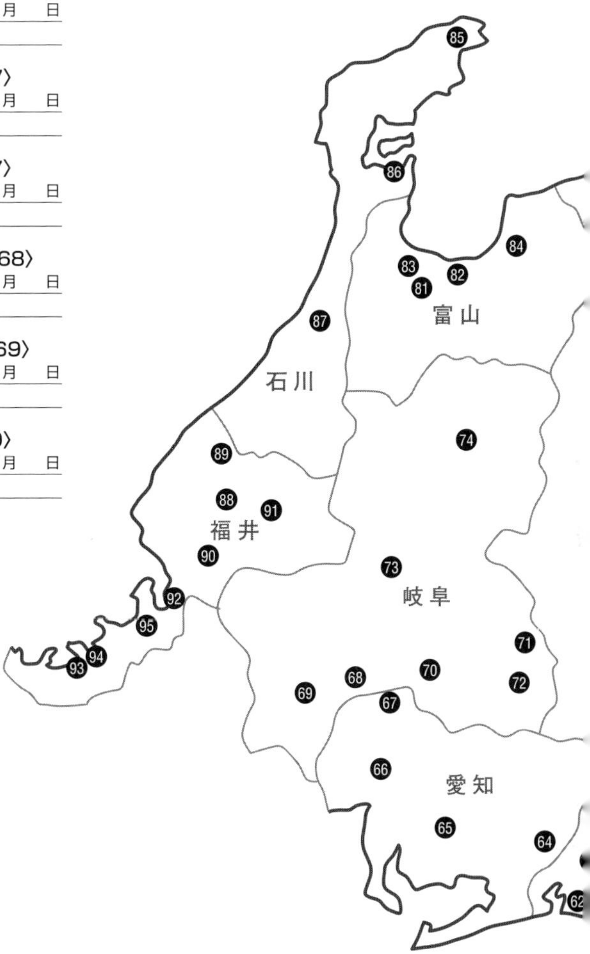

- ❿⓺ 安濃津城〈P.90〉
  訪れた日　　年　　月　　日
  メモ
- ❿⓻ 大河内城〈P.91〉
  訪れた日　　年　　月　　日
  メモ
- ❿⓼ 松阪城〈P.91〉
  訪れた日　　年　　月　　日
  メモ
- ❿⓽ 伊賀上野城〈P.92〉
  訪れた日　　年　　月　　日
  メモ
- ⓵⓵⓪ 宇陀松山城〈P.93〉
  訪れた日　　年　　月　　日
  メモ
- ⓵⓵⓵ 郡山城〈P.94〉
  訪れた日　　年　　月　　日
  メモ
- ⓵⓵⓶ 多聞山城〈P.94〉
  訪れた日　　年　　月　　日
  メモ
- ⓵⓵⓷ 高取城〈P.95〉
  訪れた日　　年　　月　　日
  メモ
- ⓵⓵⓸ 二条城〈P.96〉
  訪れた日　　年　　月　　日
  メモ
- ⓵⓵⓹ 山崎城〈P.96〉
  訪れた日　　年　　月　　日
  メモ

- ⓽⓺ 玄蕃尾城〈P.82〉
  訪れた日　　年　　月　　日
  メモ
- ⓽⓻ 小谷城〈P.83〉
  訪れた日　　年　　月　　日
  メモ
- ⓽⓼ 彦根城〈P.84〉
  訪れた日　　年　　月　　日
  メモ
- ⓽⓽ 佐和山城〈P.85〉
  訪れた日　　年　　月　　日
  メモ
- ❿⓪ 鎌刃城〈P.85〉
  訪れた日　　年　　月　　日
  メモ
- ❿⓵ 安土城〈P.86〉
  訪れた日　　年　　月　　日
  メモ
- ❿⓶ 観音寺城〈P.87〉
  訪れた日　　年　　月　　日
  メモ
- ❿⓷ 清水山城〈P.88〉
  訪れた日　　年　　月　　日
  メモ
- ❿⓸ 鎌掛城〈P.89〉
  訪れた日　　年　　月　　日
  メモ
- ❿⓹ 長光寺城〈P.89〉
  訪れた日　　年　　月　　日
  メモ

近畿

❶❷❻ **姫路城**〈P.103〉
訪れた日　　年　　月　　日
メモ

❶❷❼ **明石城**〈P.104〉
訪れた日　　年　　月　　日
メモ

❶❷❽ **赤穂城**〈P.104〉
訪れた日　　年　　月　　日
メモ

❶❷❾ **置塩城**〈P.105〉
訪れた日　　年　　月　　日
メモ

❶❸⓿ **八上城**〈P.105〉
訪れた日　　年　　月　　日
メモ

❶❸❶ **白旗城**〈P.106〉
訪れた日　　年　　月　　日
メモ

❶❸❷ **上月城**〈P.106〉
訪れた日　　年　　月　　日
メモ

❶❸❸ **竹田城**〈P.107〉
訪れた日　　年　　月　　日
メモ

❶❸❹ **出石城**〈P.108〉
訪れた日　　年　　月　　日
メモ

❶❸❺ **和歌山城**〈P.108〉
訪れた日　　年　　月　　日
メモ

❶❶❻ **周山城**〈P.97〉
訪れた日　　年　　月　　日
メモ

❶❶❼ **福知山城**〈P.98〉
訪れた日　　年　　月　　日
メモ

❶❶❽ **田辺城**〈P.98〉
訪れた日　　年　　月　　日
メモ

❶❶❾ **大坂城**〈P.99〉
訪れた日　　年　　月　　日
メモ

❶❷⓿ **飯盛山城**〈P.100〉
訪れた日　　年　　月　　日
メモ

❶❷❶ **芥川山城**〈P.100〉
訪れた日　　年　　月　　日
メモ

❶❷❷ **千早城**〈P.101〉
訪れた日　　年　　月　　日
メモ

❶❷❸ **上赤坂城**〈P.101〉
訪れた日　　年　　月　　日
メモ

❶❷❹ **岸和田城**〈P.102〉
訪れた日　　年　　月　　日
メモ

❶❷❺ **洲本城**〈P.102〉
訪れた日　　年　　月　　日
メモ

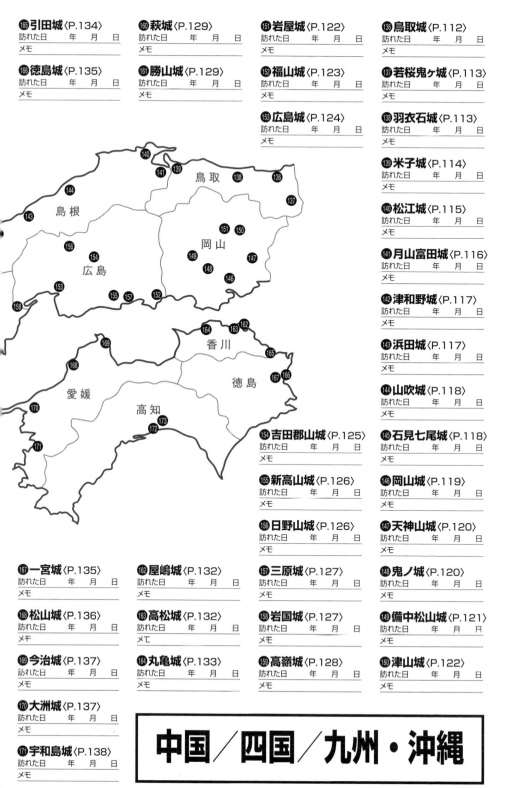

中国／四国／九州・沖縄

⑮ 引田城〈P.134〉
⑯ 徳島城〈P.135〉
⑰ 一宮城〈P.135〉
⑱ 松山城〈P.136〉
⑲ 今治城〈P.137〉
⑳ 大洲城〈P.137〉
㉑ 宇和島城〈P.138〉

⑯ 萩城〈P.129〉
⑰ 勝山城〈P.129〉
⑱ 屋嶋城〈P.132〉
⑲ 高松城〈P.132〉
⑳ 丸亀城〈P.133〉

⑯ 岩屋城〈P.122〉
⑰ 福山城〈P.123〉
⑱ 広島城〈P.124〉
⑲ 吉田郡山城〈P.125〉
⑳ 新高山城〈P.126〉
㉑ 日野山城〈P.126〉
㉒ 三原城〈P.127〉
㉓ 岩国城〈P.127〉
㉔ 高嶺城〈P.128〉

⑯ 鳥取城〈P.112〉
⑰ 若桜鬼ヶ城〈P.113〉
⑱ 羽衣石城〈P.113〉
⑲ 米子城〈P.114〉
⑳ 松江城〈P.115〉
㉑ 月山富田城〈P.116〉
㉒ 津和野城〈P.117〉
㉓ 浜田城〈P.117〉
㉔ 山吹城〈P.118〉
㉕ 石見七尾城〈P.118〉
㉖ 岡山城〈P.119〉
㉗ 天神山城〈P.120〉
㉘ 鬼ノ城〈P.120〉
㉙ 備中松山城〈P.121〉
㉚ 津山城〈P.122〉

- ⑲ 都於郡城〈P.155〉
  訪れた日　　年　月　日
  メモ
- ⑲ 佐土原城〈P.156〉
  訪れた日　　年　月　日
  メモ
- ⑲ 飫肥城〈P.156〉
  訪れた日　　年　月　日
  メモ
- ⑲ 熊本城〈P.157〉
  訪れた日　　年　月　日
  メモ
- ⑲ 人吉城〈P.158〉
  訪れた日　　年　月　日
  メモ
- ⑲ 八代城〈P.158〉
  訪れた日　　年　月　日
  メモ

- ⑱ 原城〈P.150〉
  訪れた日　　年　月　日
  メモ
- ⑱ 清水山城〈P.151〉
  訪れた日　　年　月　日
  メモ
- ⑱ 平戸城〈P.151〉
  訪れた日　　年　月　日
  メモ
- ⑱ 中津城〈P.152〉
  訪れた日　　年　月　日
  メモ
- ⑱ 角牟礼城〈P.152〉
  訪れた日　　年　月　日
  メモ
- ⑱ 臼杵城〈P.153〉
  訪れた日　　年　月　日
  メモ

- ⑰ 岩屋城〈P.146〉
  訪れた日　　年　月　日
  メモ
- ⑰ 小倉城〈P.147〉
  訪れた日　　年　月　日
  メモ
- ⑰ 城井谷城〈P.148〉
  訪れた日　　年　月　日
  メモ
- ⑱ 名護屋城〈P.149〉
  訪れた日　　年　月　日
  メモ
- ⑱ 佐賀城〈P.149〉
  訪れた日　　年　月　日
  メモ
- ⑱ 島原城〈P.150〉
  訪れた日　　年　月　日
  メモ

- ⑰ 高知城〈P.139〉
  訪れた日　　年　月　日
  メモ
- ⑰ 岡豊城〈P.140〉
  訪れた日　　年　月　日
  メモ
- ⑰ 福岡城〈P.144〉
  訪れた日　　年　月　日
  メモ
- ⑰ 立花山城〈P.145〉
  訪れた日　　年　月　日
  メモ
- ⑰ 大野城〈P.146〉
  訪れた日　　年　月　日
  メモ

- ⑲ 佐敷城〈P.159〉
  訪れた日　　年　月　日
  メモ
- ⑲ 鹿児島城〈P.159〉
  訪れた日　　年　月　日
  メモ
- ⑲ 今帰仁城〈P.160〉
  訪れた日　　年　月　日
  メモ
- ⑳ 首里城〈P.160〉
  訪れた日　　年　月　日
  メモ

- ⑱ 佐伯城〈P.153〉
  訪れた日　　年　月　日
  メモ
- ⑲ 岡城〈P.154〉
  訪れた日　　年　月　日
  メモ

写真提供

《北海道・東北》

城	提供元
五稜郭	函館市教育委員会／函館市公式観光情報「はこぶら」
松前城	松前町郷土歴史資料館
弘前城	弘前市
盛岡城	盛岡観光コンベンション協会
檜山城	能代市教育委員会
米沢城	米沢市教育委員会
向羽黒山城	会津美里町教育委員会
二本松城	二本松市観光連盟
白河小峰城	二本松市観光連盟

《関東》

城	提供元
箕輪城	高崎市教育委員会
金山城	太田市教育委員会
宇都宮城	宇都宮市
烏山城	那須烏山市教育委員会
水戸城	水戸市
八王子城	八王子市教育委員会
岩槻城	さいたま市教育委員会／さいたま観光国際協会
杉山城	嵐山町

《中部・東海》

城	提供元
松本城	松本城管理事務所
高島城	諏訪市
高遠城	伊那市教育委員会
新府城	韮崎市教育委員会
甲府城	山梨県中北建設事務所都市整備課
掛川城	掛川市
浜松城	浜松城公園指定管理者
岡崎城	岡崎市
名古屋城	名古屋城総合事務所
犬山城	犬山市観光協会
岐阜城	岐阜市教育委員会
松倉城	高山市教育委員会

《北陸》

城	提供元
新発田城	新発田市教育委員会／白壁兵舎広報史料館
村上城	村上市教育委員会
春日山城	上越市教育委員会
鮫ヶ尾城	妙高市教育委員会
高岡城	高岡市立博物館
松倉城	魚津市教育委員会
七尾城	七尾市教育委員会

一乗谷城　一乗谷朝倉氏遺跡資料館
丸岡城　坂井市教育委員会
越前大野城　大野市博物館
金ヶ崎城　敦賀市教育委員会
後瀬山城　小浜市教育委員会
小浜城　小浜市教育委員会

《近畿》
玄蕃尾城　敦賀市教育委員会
佐和山城　彦根市教育委員会文化財課
松阪城　松阪市教育委員会
宇陀松山城　宇陀市教育委員会
二条城　元離宮二条城事務所
福知山城　福知山市
田辺城　舞鶴市文化振興課
赤穂城　赤穂市教育委員会
岸和田城　岸和田市
洲本城　洲本市教育委員会
姫路城　姫路市

《中国》
鳥取城　鳥取市教育委員会
若桜鬼ヶ城　若桜町教育委員会

月山富田城　安来市教育委員会／安来市観光協会
津和野城　津和野町教育委員会
鬼ノ城　総社市教育委員会
備中松山城　高梁市観光協会
広島城　広島城

《四国》
屋嶋城　高松市教育委員会
高松城　高松市
引田城　東かがわ市教育委員会
松山城　松山城総合事務所
宇和島城　宇和島市

《九州・沖縄》
福岡城　福岡市
八代城　八代市教育委員会
臼杵城　臼杵市教育委員会
首里城　沖縄観光コンベンションビューロー

ほか、各自治体および関係各所

著 者

今泉慎一（いまいずみ しんいち）

　古城探訪家。1975年広島生まれ。編集プロダクション・風来堂代表。旅、歴史、サブカルチャーなどを中心に、取材、編集、執筆、撮影などをこなす。好きな城は、杣山城（福井県南越前町）、妻木城（岐阜県土岐市）、八上城（兵庫県篠山市）など。著書に『おもしろ探訪 日本の城』（扶桑社文庫）、監修に『『山城』の不思議と謎』（じっぴコンパクト新書）。

ハンディ版　日本の名城データブック200

2018年3月5日　初版第1刷発行

著　者	今泉慎一
編　者	ブルーガイド編集部
発行者	岩野裕一
発行所	株式会社実業之日本社
	〒153-0044　東京都目黒区大橋1-5-1
	クロスエアタワー 8階
	☎03-6809-0452　（編集）
	☎03-6809-0495　（販売）
	ホームページhttp://www.j-n.co.jp/
印刷・製本	大日本印刷株式会社

©Shinichi Imaizumi 2018 Printed in Japan
ISBN 978-4-408-00909-4　（第一BG）

本書の一部あるいは全部を無断で複写・複製（コピー、スキャン、デジタル化等）・転載することは、法律で定められた場合を除き、禁じられています。
また、購入者以外の第三者による本書のいかなる電子複製も一切認められておりません。
落丁・乱丁（ページ順序の間違いや抜け落ち）の場合は、ご面倒でも購入された書店名を明記して、小社販売部あてにお送りください。
送料小社負担でお取り替えいたします。
ただし、古書店等で購入したものについてはお取り替えできません。
定価はカバーに表示してあります。
小社のプライバシー・ポリシー（個人情報の取り扱い）は上記ホームページをご覧ください。